外岡慎一郎

「関ケ原」を読む

戦国武将の手紙

同成社

はじめに

関ヶ原合戦。慶長五年九月十五日（西暦一六〇〇年十月二十一日）に現在の岐阜県関ケ原町で戦われた「天下分け目」の戦いである。両軍合わせて十五万余とも伝えられる軍勢が集い、争った戦いは他に例がない。しかし、この合戦の前後に、この合戦の勝敗に決定的な影響をあたえた大小五十余りの合戦があった。

天正十八（一五九〇）年豊臣秀吉は小田原北条氏を屈伏させ、奥羽仕置も済ませて、いわゆる天下一統を実現する。ところがほとんど間をおかずに対外戦争へと踏み出した。惣無事といい、領主間の私的な戦争は禁じたが、秀吉自身は戦争をやめなかったのである。そして、秀吉自身は対外戦争を継続したままこの世を去る。最悪の事態である。

秀吉の遺言を遵守するという盟約のもとに、後世「五大老・五奉行」と呼ばれる大老衆・奉行衆による集団指導制が敷かれるが、当面の課題であった朝鮮半島からの兵員撤収が終わると、石田三成と徳川家康の確執、権力闘争が表面化してくる。関ヶ原合戦の端緒を、秀吉の死に求めることに異論はないだろう。

慶長四（一五九九）年閏三月三日、前田利家が死去した。家康と並んで大老衆のひとりであり、実力・名声ともに家康に対抗できる唯一の人物であったが、その死により、豊臣政権内部のパワー・バランスが変容し、家康の存在感が一層際立つことになった。

そして利家の死後まもなく、福島正則・加藤清正・長岡（細川）忠興・黒田長政ら七将による石田三成襲撃計画が露見し、三成はからくも伏見城治部少丸（曲輪）に難を避けたが、その事後処理のなかで、家康は七将らによる襲撃計画については不問とし、三成には助命を条件に隠退を求めたのである。

秀吉の死後、石田三成は家康による政権簒奪を懼れて、家康の言動を注視し、わずかでもその兆しがあれば遮る方策を施してきていた。しかし、かえって政権内部で孤立し、失脚したことで、家康主導の豊臣政権のかたちが整えられていくことは決定的となった。関ヶ原合戦まであと一年半である。

慶長四年九月、五大老のひとり前田利長、五奉行のひとり浅野長政らが家康暗殺を企てたとの嫌疑を受けた。利長は母芳春院らを人質として江戸に送ることで和議となり、浅野は甲斐に蟄居の身となる。利長はすでに八月に加賀に帰国していたが、常陸に流刑となった土方雄久・大野治長らとの共謀が疑われたのである。上杉景勝も同じ八月に会津へ帰国していたから、五大老のうち二人が在国、五奉行の浅野が石田に次いで欠けることになった。

この間、家康は大坂城に入り政務の中心にいた。宇喜多騒動や庄内の乱など、課題が山積していたのであるが、三大老・三奉行体制の豊臣政権はいよいよ家康主導の色合いを強めていく。関ヶ原合戦まであと一年である。

慶長五年三月、上杉景勝が進めていた神指城築城が謀反の嫌疑を呼び、家康はその対応に乗り出す。家康の意向を受けた禅僧西笑承兌は、四月一日付で景勝の家老直江兼続に自重を促す書状を認め、会津に遣わされた家康の使者伊奈昭綱に託した。兼続は西笑の懸念はあたらないとして一蹴し、家康の短慮を詰る言葉を連ねた返書で反駁した。いわゆる「直江状」である。

一説には、家康はこの「直江状」を読んで怒り、会津出陣を決めたという。関ヶ原合戦まであと半年。いよいよ家康が会津に向けて出陣するのが六月十六日。関ヶ原合戦まで三カ月である。

そして七月、事態は大きく動く。失脚していた石田三成が豊臣政権に強行復帰し、十七日、毛利輝元が大坂城西の丸に入り、家康の留守居らは退去を余儀なくされた。ここに、毛利輝元・宇喜多秀家の二大老と、石田三成・増田長盛・長束正家・前田玄以（徳善院）の四奉行が幼少の秀頼を支える新しい豊臣政権のかたちが誕生する（二大老・四奉行体制、石田・毛利連合政権）。

本書ではこの政変を大坂政変と呼ぶ。この大坂政変のなかで、著名な「内府ちがいの条々」、すなわち増田長盛・長束正家・前田玄以連署により家康の非違を箇条書にして諸大名に家康討伐を呼び掛ける檄文が配布され、会津出陣に従軍している諸大名などの妻子を大坂城に集める策も強行された。

大坂政変に先立ち、石田三成の居城佐和山に大谷吉継・安国寺恵瓊らが会し計略をめぐらしたこと、三成の兄正澄が近江愛知川に関を設けて、会津に出陣した家康を追って大坂・伏見を発つ大名たちを足止めにしたことが知られる。三成は遅くとも六月下旬には具体的作業に着手していた可能性が高い。関ヶ原合戦まで、長い秒読み態勢に入った。

さて、本書では、関ヶ原合戦に至るまでのさまざまな時点での人の動き、思惑と計略、迷いと決断などを示す書状を紹介し、読み解いていく。つまるところ歴史研究は結果論であるから、結末を知った上で、いまだ結末を知らない人びとの想いや願いをあれこれ議論することになる。安全な場所から、争い、悩み、逃げ惑う人びとの姿を観ることになるが、できるかぎりその現場、その時、その人に寄り添った読解ができるよう努めたい。そうした作業の先に、「京方」の失敗の本質を見いだすことができればうれしい。

なお、関ヶ原合戦にかかり「西軍」（石田・毛利方）「東軍」（徳川方）という呼称が普及しているが、本書では、「京方」「関東方」を使用する。「京方」は公家日記などにみえる。「関東方」は「関東与京都之御弓箭」（慶長五年八月二十日付島津義弘書状）などを参考にしている。

目次

「関ヶ原」を読む

——戦国武将の手紙——

第一章　女たちの関ヶ原・断章

1

戦争のことを語るのに「女たち」の話から始めてみる。

「京方」の中心人物のひとり大谷吉継の場合、母親、娘、妹の消息がある程度判明している。妻については、いなかったということは考えられないが、ほとんど情報がない。母親は豊臣秀吉の正室（お祢、高台院）に仕えた侍女（女房）で、「東殿」などと呼ばれた女性。娘は真田信繁の妻。妹コヤ（小屋）は、興正寺坊官下間頼亮の妻となり、関ヶ原合戦後もそれぞれに生存が確認されている。

母親の「東殿」が仕えていた高台院の関ヶ原合戦前後の動向として重要なのは、住まいである京都新城の要害を破却したこと、および関ヶ原で「京方」が敗退したのち禁中（後陽成院の母勧修寺晴子邸）に避難したことである。さしあたり、「京方」には与さず、また「関東方」の追及からも遁れる行動とみえる。しかし、おそらく「東殿」はこれに同行していないだろう。とりわけ、関ヶ原合戦での「京方」敗戦（吉継自刃）の報に接して以降は、高台院のもとを去ったと推定される。

「東殿」と吉継の妹コヤは合戦後捕えられることもあったようであるが（『時慶記』九月二十六日条）、まもなくともに解放されたようである（『舜旧記』十二月二十九日条）。

「東殿」の屋敷は禁中の北、近衛邸の北側にあった。関ヶ原合戦後、この屋敷も没収され、徳川家康の配慮で冷泉為満にあたえられた（『言継卿記』十月二十一日条）。しかし、その後の御所域拡張のため取り壊されたので、現存する冷泉家住宅はその折に為満が得た替地に再建された建物である。ただ、屋敷を失った「東殿」の動静は未詳である。

次に、真田信繁の妻となった娘は、大坂政変の前後に他の大名妻子と同様に「人質」として大坂城に入っている。家康の会津出陣に応じるかたちで真田昌幸・信幸・信繁父子はともに関東にあった。大坂にいた昌幸・信繁の妻たちは、「人質」として大坂城に入ることを求められ、これに応じたのである。大谷吉継の娘であっても、あくまで真田家の人間としての扱いだったのである。信幸の妻（家康の直臣本多忠勝の娘）はすでに信幸が領知する上野国沼田城に下向していたらしく、大坂城に入っていない。

信繁の妻が昌幸の妻たちとともに大谷吉継の保護のもとにおかれたことは、七月三十日付書状で吉継自身が昌幸・信繁に伝えている（『真田家文書』）。そして、関ヶ原合戦後、信繁とともに流刑地九度山に移り、長男大助らを生むことになる。

最後に妹コヤである。夫である下間頼亮は本願寺顕如の側近下間頼廉の子息で、顕如の弟顕尊が門主である興正寺の坊官（寺院の運営業務に従事する僧）となっていた。関ヶ原合戦に本願寺勢力が直接関与することはなかったが、興正寺端坊の明勝のもとに関ヶ原の戦場から逃亡した安国寺恵瓊が匿われていた。これが露見し、明勝とその妻が処刑されてしまう。この明勝の妻は下間頼廉の娘で、頼亮には姉妹、コヤにも義理の姉妹となる。

コヤ自身が吉継の妹であることに加えて、明勝夫妻の罪が問われて処刑されたのであるから、コヤ周辺にも追及が及んだ可能性は高い。しかし、コヤはその後も生存している。慶長六年三月、豊国社梵舜は長岡（細川）忠興から到来した菓子を「東殿息女御コヤ」に遣わしている（『舜旧記』三月十三日条）。また下って、元和九（一六二三）年、関白九条忠栄（幸家）が興正寺を訪れた際にコヤが応対に出たことも知られる（『幸家公記』五月二十三日条）。

さて、一気に紹介したが、大谷吉継の場合、関ヶ原合戦の結果をうけて、その家族の命も奪われるという結末は用意されなかった。吉継ばかりではない。宇喜多秀家の妻（豪、前田利家の娘で豊臣秀吉養女）をはじめ、それぞれ事情は異なるものの、島津義弘・小西行長らの妻らもまた生き残り、徳川政権の草創期を生きている。

しかし、彼女らの人生は関ヶ原合戦を機に大きく変わったはずである。徳川政権が樹立され、その基盤を整えていくなかで、関ヶ原合戦の勝者たちの人生は、女も男もそれぞれに似通ったものとなったのに対して、敗者の人生は、女も男も、それぞれに色合いの異なるものになっていったのではないだろうか。吉継の母親、娘、妹の場合を見るだけでも、そのことは想像できる。

これから紹介するのは、関ヶ原合戦では「関東方」に属することになった「女たち」の話である。彼女たちにとっても、関ヶ原合戦が人生の大きな転機となったことは疑いない。

キーワードは「人質」。「関東方」は「人質」を活かし、「京方」は「人質」で躓き、これを活かせなかった。どういうことか、幾つかの書状から明らかにしていく。

1　芳春院、「証人」として江戸へ向かう

芳春院が「証人」（人質）として江戸に下向するため伏見を発ったのは慶長五年五月十七日のことである（史料により日付の異同あり）。これから紹介する書状は、その途次に浜松泊が予定されているので、その賄い方について浜松城主の堀尾忠氏（「堀尾信濃守」）に指示する内容である。米（「八木」）五石、大豆一石と出てくる。もちろん現物での対応ではないだろうが、芳春院一行の規模をそこから想像できるのかもしれない。

伏見からは、同じく「証人」として重臣の前田長種の女子、太田長知の女子、横山長知の子長次、山崎長徳の子長郷らも同行している（『天寛日記』『家忠日記増補追加』）。ただ、書状にみえる二名のうち奥村永福は病を理由に辞退し、実際に芳春院に同行したのは村井長頼である。また、江戸まで見送りのため高畠定吉（芳春院の甥）らが帯同したという（『象賢紀略』『加賀藩史料』による）。

羽柴肥前守殿御袋、江戸へ御下ニ付而、浜松ニ一夜御泊之賄方ニ、八木五石、大豆壱石之分、奥村伊与守・村井豊後守両人ニ可被相渡候、恐々謹言、

五月十三日

長大
正家（花押）
増右
長盛（花押）
徳善

玄以（花押）

堀尾信濃守殿
御宿所

（『古蹟文徴』東京大学史料編纂所大日本史料総合データベースによる）

【現代語訳】

前田利長（「羽柴肥前守」）の母親（芳春院）が江戸へ下向する折、浜松に一泊する費用として、米八石・大豆一石分を（芳春院付の前田家家臣）奥村伊予守（永福）・村井豊後守（長頼）に渡してください。よろしくお願いします。

東海道を下った芳春院は六月六日に江戸に到着し、徳川秀忠が用意した新造の館に住むことになる。『天寛日記』が芳春院の江戸下向について「是列国の主人質のはじめなり」と記すように、後世、江戸幕府の大名政策として妻子を江戸に住まわせるようになる先蹤にもみえる。しかし、いまだ徳川家康は豊臣政権の大老衆のひとりという立場のはずである。

ところが、右の書状は前田玄以・増田長盛・長束正家の連署で、豊臣政権の公文書、公式命令の扱いである。したがって、芳春院が徳川家への人質として江戸に下るという措置は、豊臣政権の意思として実行されたものと理解することができる。豊臣政権内部での家康の位置を推量するに足る事象である。

関ヶ原合戦を考える上で重要なテーマであるが、まずは、なぜ芳春院は人質となり江戸に下らなければならなかったのか。半年あまり時日を遡って事実関係を確認しておこう(以下、おもに『加賀藩史料』による)。

慶長四年閏三月三日に前田利家が死去したあと、子息の利長が家督を継ぎ、豊臣政権のいわゆる大老衆に列していた。ただ、父利家の葬礼も済ませた利長が、五月、襲封の祝宴を催した折、家康は「霍乱」と称して招きに応じなかった。増田長盛が危惧すべき情報があると注進に及んだ結果という。

八月二十八日、前田利長は大坂を発って加賀へ帰国した。朝鮮出兵以降の不在による領国経営の如在を補うとの名目で家康が諸大名に勧めたのに応じたともいう。これに先立つ同月十日、上杉景勝も会津へ帰国している。したがって、利長の帰国により五大老のうち二名が大坂不在となった。秀吉没後の豊臣政権の公文書は、大老衆連署あるいは奉行衆連署の様式で発給されることが原則であったが、以降、大老衆の連署(加判)は家康のほか宇喜多秀家と毛利輝元のみとなる。

九月、にわかに前田利長を首謀とする家康暗殺計画ありとの説が流れた。九月九日の重陽節句の挨拶に家康が大坂城に出向く機会を狙い、浅野長吉(長政)・大野治長・土方雄久らが暗殺を企てているというものである。増田長盛の注進によりこれを知った家康は、登城経路を変更して難を逃れ、伏見城の警護を固めた。これにより、浅野は甲斐に蟄居、大野・土方も常陸に流罪(佐竹氏預け)になったという。

しかし、家康の利長に対する嫌疑はおさまらず、「加賀陣」も予測される状況となり、金沢城は防備を固め、徳川方は小松の丹羽長重に先鋒を命じる。それぞれに合戦の用意に及んだようだ。そこで、和議の計略が大谷吉継らによって進められ(本章2)、重臣横山長知・有賀宥加が大坂に上り、弁明に努め、最終的に芳春院らを人質として江戸に送ることで和議が成立した。慶長五年三月のことという。

そして五月、いま紹介してきたように芳春院が「証人」として江戸に下り、和議が完了する。醍醐寺三宝院の義演は「伝聞、東国・北国悉和談候、珍重（めでたい）」とその日記に記した（『義演准后日記』五月廿日条）。東国は家康、北国は利長である。

もとより前田利長、上杉景勝の帰国は、島津家では当主忠恒が重臣伊集院忠棟を殺害したことに端を発した内戦（庄内の乱）や、宇喜多秀家側近衆と古参の重臣らとの権力闘争（宇喜多騒動）が激しくなるさなかのことであった。これら案件への対応は、ほぼすべて家康の裁量で進められた。後日、関ヶ原の戦場に、島津、宇喜多がそれぞれに十分な戦力で臨めなかった理由を、これらの騒動に求め、あるいはこのときの家康の対応を恣意的と評価する見解もある。秀吉死後の家康の行動をすべて関ヶ原合戦に結びつけて理解するのは、結果を知ったうえでの単線的な解釈であると考えるが、家康にとって権力集中をはかる機会が、有力大名の不在と家中騒動を契機に生まれていたことは疑いない。

前田利長自身が不在という状況で、利長を首謀とする家康暗殺計画がどのように企画され、未然に発覚することになったのか、具体的に語る史料はない。ただ、「加賀陣」の懸念も生まれるなか、平穏な紛争解決が急がれることになった背景には、もうひとつの懸案事項が家康の頭を悩ませていたことがあると考えられる。上杉景勝である。

上杉景勝に謀反の疑いありとして、景勝の真意を問うため家康は家臣の伊奈昭綱と増田長盛の家臣河村長門を会津に遣わし、あわせて重臣直江兼続に自重と賢慮をもとめる禅僧西笑承兌の書状を届けさせたのは四月のことである。兼続が西笑の忠告を一蹴した返書がいわゆる「直江状」（四月十四日付）で、上杉と徳川は折り合わない。

和議の完了と上杉討伐決意の時点が近接しているのはおそらく偶然ではない。前田の動きを封じることなく徳川が上杉と対峙することは困難である。その意味で、前田とは争わず、芳春院には江戸にいてもらうことが必要だったのである。

芳春院が伏見から江戸に向かっていることからもわかるように、利長が加賀に帰国するとき、芳春院や利長の妻（永姫、織田信長娘）は伏見に残ったのである。これは豊臣大名の原則を遵守した結果である。ところが家康はこれを江戸へ移す。家康暗殺計画の露見を契機とする徳川対前田という個別大名間の「私戦」の解決のような印象さえある。しかし、浅野・大野・土方らへの処分は豊臣政権としての裁断であり、芳春院の江戸下向についても他の二大老及び奉行衆の了解が前提と考えるべきであろう。芳春院の途次の賄い方についての指示が奉行衆の連署状により伝えられているのもその流れで理解できる。

家康抜きでは成り立たなくなりつつある豊臣政権の姿と、家康の恣意が政権運営に反映される兆しがみえてくる。関ヶ原合戦を俯瞰するとき、このあとの前田利長の動きが大きく「京方」の戦略を揺さぶることになる（第二章）。江戸の「証人」が効いたのである。

2　加賀から家老四人の「証人」が江戸に向かう？

次に紹介する書状は、明治二十一年三月に宮崎県東臼杵郡岡富村の堀暁太郎氏が「私方伝来之書類」七八通（寛永十八年作成の系図含む）を筆写した『堀家文書幷系図』に収められている。慶長十五（一六一〇）年に堀忠俊が福島（高田）藩改易となった後、忠俊の弟季郷が日向延岡藩内藤家に仕官したことが知られている。東臼杵郡岡富村も延岡藩領である。ただ、掲載の堀家系図は、秀治の弟で、忠俊改易後に下野真岡藩主となる（のち烏山）親良の系譜に詳しい。収録されている文書類については、さしあたり創作、捏造する理由は見当たらず、また、文言や様式に問題は感じられない。概ね原本の存在を想定して問題ないと判断している。ただ、本資料の伝来、評価についてはなお究明の余地があることはいうまでもない。

態申入候、羽柴肥前殿家老四人之証人、江戸へ被差下候、就其、御分領伝馬・人足・宿等之儀被仰付、可有御通由、内府被申事ニ候、両人ゟ御使者被相添候、万事御馳走候て御通尤ニ候、御肝要之様躰、則可申達候、恐惶謹言、

卯月廿六日

榊原式部大輔
康政（花押影）
大谷刑部少輔入道
白頭（印影）

堀久太様
人々御中

（『堀家文書幷系図』）

【現代語訳】

格別に申入れます。前田利長（「羽柴肥前殿」）の家老四人の「証人」を江戸に下します。つきまして

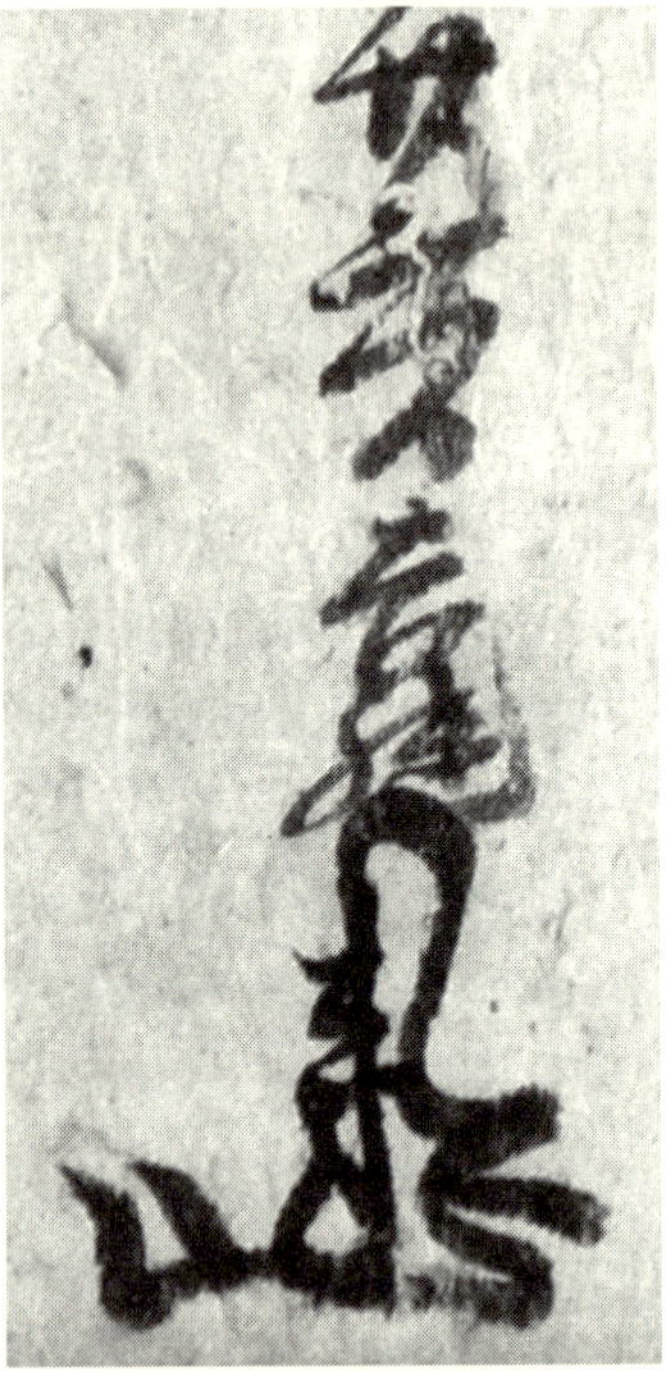

図1　大谷吉継の花押（左）と印章（右）〔西福寺文書〕

は、（あなたの）ご領地内を通過する折の馬、人足、宿所の手配をして、通過させるようにとの内府（家康）の仰せです。（われわれ）両人より使者を付き添わせることになります。万事ご尽力いただきお通しいただければ幸いです。詳細要件についてもすぐにお知らせいたします。よろしくお願いします。

榊原康政と大谷吉継の連署で越後春日山の堀秀治（「堀久太」、忠俊の父）に前田利長家老の「証人」通行の便宜を図るようにとの家康の指示を伝えた書状である。

加賀から江戸に向かう場合、越

中・越後・信濃・上野を経て江戸に至るのが最短である。ちなみに現在の県名では、石川から富山・新潟・長野・群馬・埼玉から東京に至る経路で、加賀藩の参勤交代にも用いられている。下街道、下通などと呼ばれた。

次に、この書状が慶長五年のものであることは、大谷吉継の署名が「白頭」であること、前田利長の家老の「証人」が江戸に送られるという内容から確定できる。吉継が「白頭」署名を用いるのは天正十一年と慶長五年である。

さて、この書状には問題が二つある。その一は榊原と大谷の連署で家康の指示を伝えるという文書様式で、1で紹介した奉行衆連署とは異質である。類例もない。その二は、文中にある「家老四人之証人」が、1で紹介した前田長種の女子、太田長知の女子、横山長知の子長次、山崎長徳の子長郷を指すのであれば、彼らは伏見から芳春院とともに発ったといわれている。堀秀治は東海道に領知を持たない。伝来の件はひとまずおいても、書状の史料的価値にかかわる問題といえる。

まずは、榊原と大谷の連署という希有なポイントについて考える。

関ヶ原合戦の発端ともなる上杉景勝謀反との疑念は、景勝が領知する会津と近接しながら景勝の旧領を領知する堀秀治の通報に起因している。この書状が整えられる時点ですでに堀の通報は回を重ねていたのであるが、その堀の通報を家康に取り次いだのが榊原である。景勝の家臣直江兼続は、堀の疑心暗鬼に榊原が妄動して家康を惑わせていると非難したが（「直江状」）、前田利長の「証人」移送について便宜を図るよう堀に伝える役割を榊原が担うことに、さしあたり無理はない。大谷の連署がなければ、少なくとも書状の様式について疑いをさしはさむ余地はない。

一方、大谷吉継は前田利長と徳川家康の和議成立に重要な役割を果たしていた。「上方より横山大膳（長知）・有賀ゆふか（宥加、直政）を御上せ候へ由、あつかひ心に大谷刑部少より申越」（『象賢紀略』）とある。この場合は、家康自身が当事者である。吉継は家康の意向を確かめながら、あるいは家康の意向をうけるかたちで仲裁に従事したと考えられる。その結果、利長の妻は加賀に戻り、芳春院らが江戸に下ることで調整がなったのである。

文禄三年末以降、病気の重篤化を理由に一線を退いていた吉継が、秀吉没後の豊臣政権のなかで一定の役割を担うようになるのは、石田三成が失脚する前後のことである。ただ、奉行衆として石田の欠を補うというわけではなく、徳川家康主導の政権運営に従い、奉行衆や家康家臣と連携して懸案事項に対応する立場にみえる。

この時期の吉継の立ち位置を理解するときに、重要な文言を含むのが次の書状である。薩摩島津家の当主忠恒（家久）が重臣伊集院忠棟を殺害したことに端を発した庄内の乱への対応について、吉継が忠恒に送った書状である（慶長五年十月二日付、『島津家文書』）。

態企使札候、其後者遥久得御意儀も無御座、無沙汰背本意存候、併近年病中故、何方へも無音之条、非疎意候、
一、秀頼様日々御成人、御息災之御事、諸人大慶無過之候、於様子者可御心安候事、
一、内府様大坂然と被成御在城、爰元御仕置被仰付儀ニ候、因茲弥上方静謐之儀候間、御気遣被成間敷候事、

一、其表相替儀も無御座候哉、伊集院源二郎事、于今不致還住楯籠在之由、不及是非御事ニ候、内府様御内存も、何様ニも貴所様如御存分被仰付候様ニ、可被成御沙汰之旨候間、是又可御心安候、則御使者被付置之由候条、萬事被成御相談、可被属御存分事尤ニ存候、（以下略）

【現代語訳】

使者を立てて手紙を届けさせます。その後は長くお便りも致さず、思いのほか無沙汰いたしました。近年は病も重く、皆々にも手紙をだすことができないでおります。決してあなたへの気遣いを忘れたわけではありません。

一、（豊臣）秀頼様は日々ご成長されお元気にお過ごしです。皆大いに安心し喜んでいます。（こちらの）様子は異状ありません、ご安心ください。

一、内府（徳川家康）様は大坂城で政務に従事され、これにより上方は争いもなく落ち着いています。ご心配なさらぬよう。

一、そちらのご様子に替わりありませんか。伊集院源二郎（忠真）はいまだ戻らず城に立て籠もっているとのこと、残念なことです。家康様も、どのようにもあなたの思い通りに処置されるようご判断されるおつもりです。これまた、ご安心ください。（家康から）使者がつけられているとのこと、すべて（使者を通じて家康と）ご相談され、（あなたの）思い通りの決着をつけられることがよろしいかと思います。

近年病中故の無沙汰を詫びる文言は、他の書状にもみえる。そして秀頼の日々の成長を喜び、家康が大坂城にあって政権運営の中心に居ることで豊臣政権にゆるぎないことがまず伝えられている。家康の仕事は秀頼成人までという認識というのが吉継の真意であったと考えられるが、その意味で、吉継は当面の方策として家康が政権をけん引することに異議を唱えるどころが、歓迎しているようにみえる。

そして、伊集院忠真（「源二郎」、忠棟の子息）が今なお籠城を続けていることを遺憾とし、なにより忠恒自身の判断を尊重するというのが家康の内意であると伝え、家康が付けた使者とよく相談するよう勧めている。

家康家臣と豊臣家臣が連署する他の事例を確認できないことが不安材料であるが、大谷吉継と榊原康政が家康の意をうけ連署して堀に要件を伝える政治的環境条件が存在したことは確かである。むしろ、この事例を根拠に、家康主導の豊臣政権の姿を浮き彫りにしていくこともできるのではないかと考える。

次に、加賀を発つ予定の四人の「証人」である。家老四人の「証人」、すなわち前田長種の女子、太田長知の女子、横山長知の子長次、山崎長徳の子長郷らが、芳春院とともに伏見を発って江戸に向かったことはすでに述べた。この書状は、加賀から越後経由で「証人」が江戸に向かうことを想定しているから、加賀からも別の「証人」が送られたのか。そうではないだろう。

まず日付である。卯月（四月）二十六日、先の奉行衆連署の書状より二十日ほど早い。また、横山長知が家康方との調整のために加賀と大坂を往還したことが知られるように、四人の家老は利長とともに加賀にあった。彼らの子息・子女のなかで伏見に居るもの加賀に居るもの、それぞれであったと考えられる。芳春院は動かせないが、家老四人の「証人」については、前田家の側に選任が委ねられたとすれば、その時点で、家老四人の「証人」が加賀発となる可能性があったはずである。

前田家と徳川家の間で調整が図られるなかで、家老四人の「証人」がどのように選任されていったのか。その辺りの事情は、『加賀藩史料』などを参照しても判然としない。彼らがもとより伏見に在り、芳春院とともに発ったのか、あるいは加賀から伏見に移動し、芳春院と江戸下向の行程を共にしたのか、その辺りの情報もない。

大谷吉継と榊原康政が連署して徳川家康の意を伝える、奇異にもみえる文書であるが、疑うべき文書として放置するには惜しい。家康主導となった豊臣政権のなかでの大谷吉継の役割、立ち位置がまずみえる。そして何より、前田家の存続を懸けて江戸に下向する芳春院に同行するため、加賀発となるはずだった家老四人の「証人」が伏見に向かい、その結果、この文書に示された堀への準備指示が無効となった可能性がみえたのである。

われわれが認識しているのは、芳春院とともに家老四人の「証人」が伏見を発って江戸に下向したという、いわば結果だけである。家老四人の「証人」の人選について、文字通り水面下での交渉がおこなわれたであろう。その結果、加賀に居る子息・子女が「証人」に決まった場合、加賀発、伏見発と別路で江戸に向かうのか、それとも伏見で合流して揃って発つのか、これも前田家に任されたとすれば、家老四人の「証人」たちも芳春院とともに堂々と、粛粛と東海道を下ることを選んだはずである。芳春院が「証人」となる無念を胸に、行列を整え、進むことが前田家の誇りだからである。そしてこれが時代の先を読んだという後世の評価を得ることになる。

3 長岡忠興、大坂政変への対応を家臣に指示する

忠興の父細川藤孝（幽斎）が織田信長に仕えるときに名字を長岡と改め、忠興もこれに従い、細川に復姓するのは大坂の陣後であるので、本書では長岡忠興と表記する。

さて、忠興が家康から会津への出陣要請をうけたのは慶長五年四月のことである。忠興はそのとき豊後杵築にいた。忠興が丹後宮津十七万石に加え、豊後国内に六万石の領知を受領したのはこの二月のことであったが、視察のため四月中旬に丹後から杵築を訪れていた。豊前中津の黒田如水は豊後境近くの佐田に忠興を招き「談合」に及んだという（『綿考輯録』『細川忠興軍功記』、以下、忠興の動静については同じ）。

忠興の家臣松井康之・有吉立行・魚住昌永らは忠興の下向以前からすでに杵築に入り、検地その他の作業が終了した後、松井は丹後に帰り、有吉が杵築城主となる予定であった。

ところが、四月二十八日、大坂留守居から会津出陣についての通報を得ると、翌二十九日、忠興は杵築を発ち、五月五日に海路大坂に到着した。丹後に帰り、兵を整えて宮津を出陣するのは六月二十七日。若狭から近江に出て琵琶湖を渡り、東山道を経て下野宇都宮付近に達したのは七月十六日という。

七月十七日、大坂留守居の小笠原少斎（秀清）・稲富祐直から書状が届いた。日付は七月九日である。忠興妻女に人質として大坂城に入るよう使者が立てられてきたが、ガラシャはこれを拒否した旨が載せられていたという。ガラシャが命を絶つのはまさにこの十七日の夜のことになる（本章4参照）。

目出度期見参候、以上
急度申候、石治部・輝元申談色立候由、上方ゟ内府へ追々御注進候、如此可有之とかねて申たる事ニ候、其外残衆ことことく一味同心之由候、定而内府早速御上洛可在之候、然ハ則時ニ可為御勝手候、此状参着次第、松井と市正ハ番子まで不残召連、丹後へ可被越、自然之時ハ松くらをもすて、女子をつれ宮津へ被越可然候様ニすまさるへく候、頼入候、四郎右其外之者共の儀ハ其国のていを見合、可成ほと木付ニい候て、其上ハ如水居城ニうつ（移）るへく候、如水とかねて申合てをき候、此状ハ丹後ヨりひめち辺へ遣、舟にて届候へと申付候、
一、内府ハ江戸を今日廿一御立候由候、我等ハ昨日うつの宮まて越在之事に候、さためてひつくり返し、上方へ御働たるへくと存候、恐々謹言、
七月廿一日　　　　　　　　　　　　忠（花押）〈忠興〉
松井殿
四良殿
市正殿

（『松井文庫所蔵古文書』）

【現代語訳】

急ぎ申し入れる。石田治部（三成）と（毛利）輝元が共謀して敵対の意思をあらわしたことは、上方より内府（徳川家康）に逐次報告が届いている。このような事態は予測していたことだ。（上方に残された）武将たちはみな石田・毛利に味方することになったということだ。必ずや家康が早々に上洛することになるだろう。その時は（会津出陣にかかる軍制が解かれ）それぞれの判断で行動できるようになる。この書状が届き次第、松井（康之）と（魚住）市正（昌永）は（杵築城に帯同した）兵員も連れて丹後へ帰国しなさい。万一の時は、松倉（城）も捨てて、女子を連れて宮津へ向かうように段取りするように。よろしく頼む。（有吉）四郎右（衛門尉立行）、その他の家臣たちのことについてはそれぞれの情勢により判断してほしい。できるだけ杵築（「木付」）に留まった上で（黒田）如水の（中津）城に移動するように。如水とはすでに話し合ってある。（なお）この書状は、丹後から姫路に遣わし、そこから舟で（杵築に）届けるよう申しつけた。

一、家康は江戸を今日二十一日に発つということだ。われらは昨日宇都宮に入った。（家康は）かならず軍を返し上方での合戦に臨むはずである。よろしく。

（追伸）無事の見参を期す。

右に紹介した忠興書状は二十一日付。宇都宮で認められたと考えられる。文面にあるように、この書状は、おそらくは忠興の使者によってまず丹後に届けられ、丹後から姫路経由で杵築に至ったようだ。丹後と豊後、遠隔地間で情報共有する必要を考えると、時間はかかるが書状とともに使者が伝言を携えて直接

図2　越中井　細川忠興大坂屋敷跡〔大阪市教育委員会提供〕

伝えるのがベストである。姫路を経由するよう指示しているのは、幽斎の娘を妻としている木下延俊（高台院の甥）が姫路城を預かっており、延俊に忠興の計略を伝えておく必要があると考えたからであろう（第二章8参照）。

文頭に「石田治部・輝元申談色立候由、上方ゟ内府へ追々御注進候、如此可有之とかねて申たる事ニ候」とある。家康が会津に向かった後の上方の情勢は、家康に限らず、従軍した諸将においても大坂・伏見の留守居から逐次伝えられていたはずである。七月初旬には、すでに近江国愛知川に関を設けて会津出陣の諸将を留め（第二章1参照）、大坂城に諸将の妻子を人質として集める策が強行されていたが、これらについても「石田治部・輝元申談色立候由」というかたちで、家康も忠興も承知していたのである。「如此可有之とかねて申たる事ニ候」とも言っている。死を選んだガラシャの行動も、忠興の案のうちにあったのかもしれない。

しかし、忠興はまだガラシャの死を知らない。そのうえで、杵築にいる家臣たちにそれぞれの対応を指示するのが続く部分である。松井康之と魚住昌永には妻子を連れて丹後へ帰国するよう促し、万一の場合は松井の城である丹後松倉城（京丹後市久美浜）を捨てて宮津へ移ることも勧めている。有吉ら杵築城に残る家臣たちについては、できる限り杵築城を維持したうえで最終的には黒田如水の中津城へ移るよう指示している。佐田での「談合」が「石田治部・輝元申談色立」を前提としておこなわれ、杵築城の放棄と中津城への合流もその折の決定事項である可能性が高い。

忠興の父幽斎が籠る丹後田辺城への攻撃は十九日に始められている。石田三成は真田昌幸にあてた書状で、忠興は秀吉の死後徒党の大将となって国政を混乱に陥れた元凶であるから、幽斎の居城を攻撃するため軍勢を遣わしたと述べている（七月晦日付、『真田家文書』）。忠興は前田利家の没後に三成襲撃を企てた七将の一人であり、三成を糾弾する十一カ条の書立を作成し、呼び寄せた三成に読み聞かせて加藤清正・福島正則と刺し殺す手はずであったという。

大坂政変が成ったところで、三成の論理は、豊臣大名の領知についてもその去就によって判断するということである。幽斎は城明け渡しを拒絶し籠城という意思表明をした結果、攻撃対象とされたのである。

後述するように、松井も魚住も結局丹後へ戻ることはなく、黒田如水らとともに九州での合戦に身を投じることになる。如水の子息黒田長政も三成襲撃を企図した七将の一人であり、如水と幽斎はそれぞれに子息を家康に従軍させ留守居として城を守る、全く共通した境遇に置かれていたのである。

書状は最後に、二十一日に家康が江戸を発つとしている。もちろん上洛のためではない。いまだ会津出陣の途次である。六月十八日に伏見を発った家康が江戸に着いたのが七月二日。先鋒の榊原康政が江戸を発つのが八日。家康は書状が記すように二十一日に江戸を発って二十四日に下野小山に着いている。「さためてひつくり返し、上方へ御働たるへくと存候」という言葉に、これから会うことになるだろう家康の決断に対する忠興の期待感がみえる。

父幽斎も杵築も心配である。しかし、それ以上に、江戸に人質に取られている子息光千代（のちの忠利）の身の上が案じられたはずである。前田利長らが家康暗殺を企図したとの嫌疑を受け、利長が母芳春院と家老四人の「証人」を江戸に差し出すことになったことはすでに紹介した。この事件の折、忠興もまた利長との共謀を疑われたのである。忠興の嫡子忠隆の妻が前田利家の娘（千世）であることも嫌疑を深める理由となってしまった。仲裁に入った有馬則頼・金森長近らの工夫もあり、忠興は家康に誓詞を差し上げ、光千代を「証人」とすることで和議が成立していたのである。

帰路に着いた忠興は七月二十七日（『細川忠興軍功記』は二十二日とする）、小出吉政が家康に遣わした使者と会い、十七日の戌刻ばかりにガラシャが命を絶ったこと、忠隆の妻は乗物三挺で前田利長の屋敷に逃れたことを知らされた。そして八月三日、伊豆三島で大坂留守居の家臣川喜多一成の中間と会い、大坂での出来事について詳細を知る。ガラシャの死を最終的に確認し、小笠原少斎・川喜多一成らの殉死と、稲富祐直の逃亡についての報も得る。

そして、四日、駿河清見寺（静岡市清水区）で伏見城陥落の報に接し、東海道を西上して福島正則の居城清洲に到着したのは十三日のことという。

正則はこれに先立つ十一日に清須に戻っていた。同じ頃、石田三成らは大垣城に集結していた。木曽三川を挟んで、いよいよ「関東方」と「京方」が対峙することになったのである。

4　加藤清正、松井康之に策を提案する

九州熊本にいた加藤清正もまた、黒田如水、松井康之らと連携していた。次に紹介するのは清正の書状である。

尚以、其元番衆入候者、此返事ニ委可承候、則申付可遣候、以上、

急度申入候、越中殿御身上之儀、秀頼様ゟ曲事ニ被思召由ニて、丹後国へ隣国衆を差遣、城請取候へと、従奉行衆被申付候由候、就其、越中殿御女房衆、為留守居衆つれ候て退候由、慥ニ我等者罷下、其様子申候仕合者、屋敷中へ十七日之夜火をかけ自害之様子ニ仕成退候由候、則丹後へ遣上使衆への触状写進之候、然時者其元ニ四郎右壱人被残置、松佐早々丹後へ御越尤候、か様ニ可有之と存、先書へも申候き、其元少ニも候ハヽ、自是似相之番衆をも合力可申候間、必可有御越候、為其以飛脚申候、委曲立本かたゟ可申候、恐々謹言、

七月廿七日子刻　清正（花押）

松佐渡殿

有四郎右殿

御宿所

「加主計

松佐渡殿　　　　　　　　清正
有四郎右殿
　御宿所

（『松井文庫所蔵古文書』）

【現代語訳】

急ぎ申し入れます。越中殿（長岡忠興）の身の上について、秀頼様が非違との判断を下されたという理由で、丹後国へ隣国の軍勢を遣わして城を明け渡すよう奉行衆より命令が下されたとのことです。そのことについて、越中殿の女房衆は留守居衆が連れて難を逃れたとのことです。（清正の）家中の者が（熊本に）罷り下り、その様子を報告したところでは、十七日の夜、屋敷に火を懸けて自害したように見せかけて屋敷を逃れたということです。丹後へ向かわされた者たちへの触状の写しを届けます。このような情勢ですから、（有吉）四郎右（衛門尉立行）一人を残して、松（井）佐（土守康之）は早々に丹後へ向かわれるのがよろしいでしょう。そのことは先日の書状にも述べたところです。そちら（杵築城）が手薄のようであれば、こちらから適切な数の兵員を加勢することができます。必ず（丹後へ）向かわれるように。そのために急便を届けさせます。詳細は立本（斎）から申し述べます。よろしくお願いいします。

（追伸）加勢が必要であれば（人数や軍備など）返書に詳細を記してください。すぐにも用意させます。

清正から杵築の松井康之・有吉立行に届けられた書状である。彼らの主君である長岡忠興が領知する丹後に軍勢が差し向けられ、領内の城を請取るよう奉行衆が指示したこと、大坂に残したガラシャたちは留守居衆の働きで難を逃れたという報告を熊本に戻った家中の者から得たことを述べ、さらに杵築には有吉が残り、松井には丹後に帰国することを勧め、手薄になる杵築への軍事支援の用意があることを伝えている。また、丹後に出兵を命じる奉行衆の指令書の写しを届けるとして、次の文書を添えている。

羽柴越中守事、何之忠節も無之、太閤様御取立之福原右馬介（助）跡職従　内府公得扶助、今度何之咎も無之景勝為発向内府へ助勢、越中一類不残罷立候段、不及是非候、然間、従　秀頼様為御成敗、各差遣候条、可被抽軍忠候、至于下々も依動可被御褒美候、恐々謹言、

七月十七日

長束大蔵

増田右衛門尉

徳善院

別所豊後守殿

（『松井文庫所蔵古文書』）

【現代語訳】

長岡忠興（「羽柴越中守」）は（秀頼様に）何の忠節も果たしていないのに、太閤様（秀吉）が領知をあたえた福原長高（長堯、「右馬助」）の旧領を家康からあたえられ、今度は何の咎めもない上杉景勝

を（討つとして）兵を進めた家康に一族残らず助勢したことは（許し難い所業で）論外である。よって、秀頼様の裁断により忠興を処罰するため出兵を命じるので、抜群の忠節を示すように。下級の兵員であっても、働きにより御褒美があたえられるであろう。よろしく。

豊臣奉行衆連署の出撃命令である。充所は別所吉治。秀吉から但馬八木に領知をあたえられていた。丹後への出兵は清正書状に「隣国衆」とあるように、丹波・但馬の領主たちが中心となった。別所も田辺城攻撃に参加している。

図3　杵築城〔杵築市教育委員会提供〕

同じ日付、同文で「隣国衆」らに出撃命令が下ったことが想定される。清正がその写しを松井らに届けたことで、幸いにも今にその存在を知ることができた書状で、貴重である。同じ出撃命令をうけた武家も多くあったに違いないが、関ヶ原合戦に敗退して没落するか、あるいは生き残るために「京方」から届けられた書状類をみずから廃棄したのであろう。残っていない。

清正がどのような手段でこの書状を入手したか不明である。ただ、加藤清正と別所吉治はともに山崎片家（賢家、六角義賢家臣から明智光秀家臣を経て秀吉家臣となる）の娘を妻としている。清正の妻はすでに死去していたが、そうした事情を背景に清正がこの書状に接する機会を得たと考えられる。また、片家の妻は明智光秀の娘とされるから、忠興の妻ガラシャとは姉妹となる。女性たちのネットワークは無視できない。清正の書状に別所あての出撃命令書の写しが添えられていることに、松井も有吉も特段の違和感をもつことはなかった可能性がある。

清正書状に戻る。注目すべき内容は二つ。一つは、清正が熊本に下った家中の者から得た報告では、ガラシャらが屋敷に火を懸け自害と偽装して難を逃れたとあることで、「我等者」の「者」を助詞の「は」ではなく漢字として読むことで、「為留守居衆つれ候て退候由」「自害之様子ニ仕成退候由」の意味を前掲現代語訳で示した意に解釈ができる。もう一つは、加藤が松井らの善後について直接助言していることで、これが当該期の九州の形勢を知る重要な言葉と評価できるのである。

ガラシャらが難を逃れたという報告、あるいはそれを伝えた清正の言葉に偽りはないと考えられる。すでに紹介したように、大坂の屋敷で死去したのはガラシャと留守居の小笠原少斎らで、忠隆の妻は難を逃れていた。清正の手の者は忠隆妻の避難を実見し、これをそのまま清正に伝えた。そして、清正はその報告に安堵の思いを得て、ガラシャは無事との観測を書状に記したのではないか。

大坂政変の様子は個々の大名衆の大坂留守居（妻子らを含む）から発信され、国元あるいは出陣中の大名衆にも伝えられていたはずである。しかし、長岡忠興の大坂屋敷は焼失し、長岡家の女房衆、留守居の家臣たちから忠興らが直接情報を得る手段が一時途絶えたことは疑いない。忠興自身は、小出吉政からの報で事実関係を知ることになったことはすでに紹介した。九州ではさらに情報時差があり、ガラシャらの消息について、定まらない状況があったことを推測させる。

次に、加藤清正が松井らに直接善後策を授けている点である。その内容は、すでに忠興から指示されていた対応と一致する。書面には、この策について「先書へも申候き」とある。「先書」とは、おそらく七月二十三日付で清正が松井らに届けた書状を指す。しかし、その原本、写しなどは確認できない。『綿考輯録』は「廿三日清正より之返書幷此方よりの状案共ニいまた見当不申候」としている。しかし、前掲二十一日付忠興書状は丹後から姫路経由で杵築に届けられているから、二十三日付清正書状の方が先に松井らのもとに届いていたことは容易に想像できる。ちなみに、このあと紹介する二十七日子刻発の清正書状は晦日（三十日）午刻に着いている。清正は子刻（現在の時制では二十八日午前零時）に認めたのであるから、熊本から一日半で杵築に到着したことになる。二十三日付書状が同じ条件で届けられたことは確かめられないけれども、杵築城には有吉が残り松井は丹後にという対応については、黒田如水との「談合」を前提に、清正ら如水と連携する各武将に共有されていた可能性を考えるべきであろう。

最後に、文末に「委曲立本かたゟ可申候」とある。これは、書面としては伝えられない極秘事項を含め、詳しいことは書状伝達者の口上、あるいは添状で述べることを記す部分で、戦国期以降の書状には頻繁にみられる表現である。この場合の伝達者が「立本」という人物だということである。

この「立本」とは斎藤利宗のことである。明智光秀の家臣で、山崎合戦に敗れて捕えられ処刑された斎藤利三の子息。のちの春日局の兄にあたる。山崎合戦後、剃髪して立本（斎）を称し、長岡忠興に預けられたのち加藤清正に仕えることになった人物である。加藤清正と長岡忠興をつなぐ存在として格別の血筋と経歴を有する。

こうして黒田如水を中核とする九州の「関東方」が形成されていくことになる。

5　松井康之ら、加藤清正に近況を伝える

次に、清正からの書状に答える松井康之らの書状を二通紹介する。同日付で内容も重なるが、それぞれ異なる性格の書状である。

〔A〕

尚々、度々御懇ニ被仰下忝存候、已上、

去廿七日子刻尊書、今日晦日午刻到来、拝見仕候、

一、越中身上之儀、秀頼様ゟ曲事ニ被思召之由候て、丹後隣国衆城請取ニ被指越候、御奉行衆ゟ触折紙之写被見置候、忝存候事、

一、越中女房共之義被仰越、忝存候、大略自害可為必定と存候事、

一、当城之義、四郎右衛門残置、松井可罷上旨被仰下候、今朝以飛脚如申入、加子（水手）一切無御座候、併不捨置才覚仕候、毛頭不存由断候事、

一、御加番之義幷兵粮・玉薬之義迄被仰越、忝存候、如形用意仕候、相滞義候者、自是可得御意候事、

一、丹後之義、幽斎在国候条、城々堅固ニ可有之候、境目は（端）城なとハ兼而取入、かなめの城々ハ丈夫ニ可有之候間、被成御機遣ましく候、兵粮等も当年ハ国中米留仕、たくさんニ可有御座候、是又御心易可被思召候、此旨宜預御披露候、恐々謹言、

七月晦日　　康之

立本斎

立行

（『松井文庫所蔵古文書』）

【現代語訳】〔A〕

去る二十七日子刻付のご書状が、今日晦日の午刻に届き拝見しました。

一、越中（長岡忠興）の身の上について、秀頼様が非違との判断を下されたという理由で、隣国衆に丹後国へ軍勢を遣わして城を明け渡すよう命じる奉行衆の出撃命令書の写しを届けていただきました。お心遣いありがとうございます。

一、忠興の女房衆（の消息）についてお知らせいただきありがとうございます。自害したことはほぼ疑いないと判断しています。

一、当（杵築）城については、（有吉）四郎右衛門が残り、松井（康之）は（丹後に）上るようご指示いただきました。（しかし）今朝飛脚でお知らせしたように、加子（水手、操船者）が確保できないでいる状態です。あきらめず今後も手だてを尽くし、対応していくつもりです。

一、援軍派遣ならびに兵粮・弾薬についても（支援いただけること）お知らせいただきました。ありがとうございます。いちおうこちらでも相応の用意はありますので、不足するようであればこちらから相談させていただきます。

一、丹後には（長岡）幽斎が在国し城々を堅固にしております。国境付近の小さな城は撤収し、要の城を堅固にしております。ご心配には及びません。兵粮についても今年は米の他出を禁止しましたので、たくさん貯えがあります。これら（丹後のこと）についてもご安心ください。以上、よろしく（清正へ）ご報告ください。よろしくお願いします。

（追伸）度々ご親切なご指導をいただきありがとうございます。

前段で紹介した清正書状への返書である。ただ加藤清正あてではなく、斎藤利宗（立本斎）あてで書かれ、文末に、「此旨宜預御披露候」とある。これは、清正へ書状をそのまま取り次ぐことを依頼する文言である。そして、これとは別に利宗あて書状が同日付で二通認められている。そのうちの一通もあわせて紹介しよう。

〔B〕

已上、

被差越使者去廿七日御状、今日晦午刻到来、拝見、彼口上承届候、

一、主計様ゟ種々御懇之御書中忝存候、度々被入御心被仰越、可申上様無之候、御報申上候間、御披露候て可然様ニ御取成奉頼候事、

一、大坂ゟ慥成御使者被罷下、越中屋敷之様子被仰越候、此方へ追々申来候、女房衆大略可為自害と存候事、

一、丹後へ去十九日、おく丹波衆・但馬衆、城請取ニ被越由、此地へも慥ニ相聞へ申候事、

一、幽斎田辺ニ被居候事、
一、丹後城々不可有異義候、河守なと八兼而引払、残之城々丈夫ニ可有之候、可御心易候事、
一、丹後城々兵粮等も、当年八国中米留仕、一切不出候間、可有之と存候、此段不可有御機遣候事、
一、松井罷上義、先書ニ如申、加子（水手）一切無之候、併不捨置談合仕候、聊無由断候事、
一、当郡之知行拝領候を第一に被申之条、城請取ニ可参由承候、可為其分候、各一返ニ覚悟仕候、其段可御心安候、兵粮・玉薬之義被仰越、忝存候、如形用意仕候条、自然不足之義候者、重而可申入候事、
一、御加勢之義、是又過分ニ存候、松井有之間八不及御加勢候事、
一、大坂之様子、如水御小姓直口先書ニ申入候事、
一、忠興　内府様御供候て可被上候、然者隣国則時申付可遂本意候、尚口上ニ申候間、書中不具候、
恐々謹言、

七月晦日　　康之
　　　　　　立行

立本老
　御報

（『松井文庫所蔵古文書』）

【現代語訳】〔B〕

ご使者を遣わされて届けられた去る二十七日付のご書状が、今日晦日の午刻に届き拝見しました。ご使者の口上も承りました。

一、主計様（加藤清正）から心遣いのこもった書状をいただきました。度重ねてお心遣いをいただき、感謝の言葉もありません。返書を認めましたのでお届けいただき、よろしくお伝えください。

一、大坂から信頼できるご使者が（熊本に）下られ越中（忠興）屋敷の様子を（報告されその内容を）お知らせいただきました。こちら（杵築）へも追々情報が入っております。女房衆が自害したことはほぼ疑いないとおもいます。

一、丹後へ去十九日、奥丹波衆・但馬衆が城請取のため向かったということについては、こちらでも情報を確認しています。

一、丹後の城はみな異状ありません。河守など事前に引き払ったところもありますが、その他は堅固です。ご安心ください。

一、丹後の城はみな兵粮も十分です。今年は米の他出を禁じているので確保できています。お気遣いご無用です。

一、松井（康之）が（丹後へ）上る件は、先書に申し上げたように操船者の手配がつきません。しかし交渉は続けています。あきらめていません。

一、（奉行衆の出撃命令書には忠興の非違として豊後国速見郡等）拝領のことがみえています。（領知没収を申し掛け）城請取に兵が差し向けられるということでしょう。そのように理解しています。

（杵築は）一同一丸となる覚悟です。ご心配要りません。兵粮・弾薬についてもご配慮いただきありがとうございます。相応の用意はしましたので、万一不足するようなことがありましたら改めてお願いいします。

一、ご加勢についてはご放念ください。松井がいる間はご加勢不要です。

一、大坂の様子については（黒田）如水の小姓から口上がありました。先書に記したところです。

一、忠興は家康様に御供して上方に帰ってこられます。そして（丹後の）おもいのままに隣国も即時に従えていかれるでしょう。なお、使者の口上で述べますので書状では詳細を省きます。

Aは利宗を介してそのまま清正に届けられることを期待している内容、書式であるのに対して、Bは利宗本人にあてられた内容、書式である。Bの冒頭の条に「御報申上候間、御披露候て可然様ニ取成奉頼候事」とある「御報」とはAを指す。「主計様〻種々御懇之御書中忝存候」「松井有之間ハ不及御加勢候事」も利宗あて書状にふさわしい表現である。

次に、Bに「先書ニ如申」「先書ニ申入候事」とある「先書」とは、もう一通の七月晦日付書状をさす。こちらも現存する。晦日のうちに三通の立本斎あて書状が松井・有吉の連署で作成され、Bに「先書」とされる一通がまず書かれ（使者に託され）、時間をおいてABがあわせて用意され（使者に託され）たと考えられる。ちなみに「先書」には、「加子」（水手）が戦争に巻き込まれることを危惧し、賃料をはずむと持ちかけても応じないことや、二十三日に大坂を出船した如水の小姓が二十九日に杵築に着き、伏見城の様子などを伝えたことが記される。

る本章の主題であるガラシャ一件については、Bで杵築にも追々情報が来ていること、自害と判断していることが述べられる。「先書」には、より詳しく、「大坂越中守屋敷へ御奉行衆ゟ人質之儀達而被申付、女房衆自害、家ニ火をかけ小笠原入道・稲富伊賀・河喜多石見両三人腹ヲ切申旨候事」とある。

すでに紹介したように、忠興自身は二十七日（または二十二日）に小出吉政の伝言を携えた使者からガラシャら自害の情報を得ていたから、何らかの方法で晦日までにこれが杵築にも伝えられた可能性、あるいは二十三日に大坂を出た黒田如水の小姓が携えていた情報のなかに含まれた可能性、それぞれに考えられる。稲富伊賀（祐直、一夢）の逃亡について忠興が知るのは前述のように八月三日のこととされるから、ここで稲富も自害と報じていることに無理はない。

陣中の忠興や杵築の松井らに比して近いところにいた京都北野社の禅興は、「今夜、小笠原少斎、大坂において丹後長岡越中女中を人質ニ出し候へと奉行衆より仰せられ候、人質越中留主に出し候ては曲事と申し置き出さず、すなわち越中殿女中をかいしやく（介錯）仕り、小笠原も腹を切り、屋形へ火を懸け、稲留・川北などと申仁両三人はらをきり申す由也」と日記に記している（『北野社家日記』慶長五年七月十七日条）。日記一般の成立事情から推して、禅興がこの記事すべての情報を当日のうちに入手したわけではなく、後日得た情報を含め当日の記事にまとめたものと想像されるが、ここでも稲富は自害したことになっている。

さて、大坂城に諸大名の妻子を集めてその生殺与奪を支配することで事態を有利に進めようとした「京方」の目論見はガラシャの死によってもろくも崩れた。後世の作であるが、『黒田家譜』は「此後は是にこりて、諸大名の内室を城中へ取んとはせざりけり」と述べている。黒田如水・長政の妻らは長岡忠興屋敷の騒動に紛れて大坂を脱出したようだ（第二章5）。加藤清正の妻はなお大坂に残っていたようであるが、これも最終的に脱出し、黒田如水の支援を得て熊本に帰る（第三章6）。その意味で、ガラシャらは関ヶ原合戦の最初の戦死者として位置づけられ、「関東方」結集の象徴的存在となっていく。

6　大谷吉継、松井康之を「京方」に誘う

こうして九州における「関東方」の動きはよくわかるのであるが、その間「京方」からの働きかけはなかったのであろうか。次に紹介するのは、大谷吉継が松井康之にあてた書状である。

態申入候、仍此許之御仕置相改候て御肝つふし察申候、然ハ御身上之事、御奉行衆へ理申候処ニ、則御ふれ折紙幷内府ちかひの条数下申候、よくよく御覧し候て、太閤様御恩賞段忝事、無御忘却候ハヽ、早々此方へ御上候て、盛法印ニ御入候はん事、尤存候、随分馳走可申候、尚追々可申入候、恐々謹言、

大刑少入
在判

七月廿日

松佐州様
人々御中

（『松井文庫所蔵古文書』）

【現代語訳】

格別に申し上げます。こちら（大坂）の政治体制が改まりさぞ驚かれていることとおもいます。そこで、あなたのことについて奉行衆にご紹介したところ、「御ふれ折紙」（家康を討伐する趣意の奉行衆連署の書状）と「内府ちがいの条々」を下されました。熟読していただき、太閤様からうけられた恩恵を今に大切にされているようであれば、早々にこちらへお上りいただき、盛法印（吉田浄慶）のところに滞在されることが取るべきご対応と考えます。できる限りのことはさせていただく所存です。なお追々ご連絡申し上げます。よろしくお願いします。

大谷吉継は松井康之に、三奉行（長束正家・増田長盛・前田玄以）連署の触状と「内府ちがいの条々」に自身の書状を添えて届けた。参考までに三奉行連署の触状も掲げておく。「京方」が松井に期待した理由も示されている。

　猶以貴所之儀ハ越中と相替儀候条、秀頼様へ御忠節尤候、以上、
急度申入候、今度景勝発向之儀、内府公上巻之誓詞幷太閤様被背御置目　秀頼様被見捨出馬之間、各申談及鉾楯候、　内府御違之条々別紙ニ拝見候、此旨尤と思召、太閤様不被相忘御恩賞ハ　秀頼様へ可有御忠節候、恐々謹言、

七月十七日

長大
増右

徳善

松井佐渡守殿
　御宿所

（『松井文庫所蔵古文書』）

【現代語訳】

急ぎ申し入れます。このたび（上杉）景勝（討伐と称して）軍勢を派遣したことは、家康公が以前（大老衆・奉行衆で確約した）誓詞や太閤様の遺言に背くことで、秀頼様を無視してみずから出陣したことになりますので、（毛利輝元・宇喜多秀家と奉行衆らが）相談して、家康を討つことに決まりました。家康の非違を書き上げた条々書を添えます。ご覧のうえ同意いただき、太閤様からうけられた恩恵をお忘れでなければ、秀頼様へご忠節をお励みあるように。よろしくお願いします。

（追伸）あなたは、長岡忠興とは異なるお立場と心得ます。秀頼様へのご忠節を励まれるべきです。

右の書状は「内府ちがいの条々」に添えて広く諸大名らに届けられた触状のうちの一通と位置づけるのが正当な評価であろう。同文の伝存事例としては他に堀尾吉晴あての触状を確認できる（『寸金雑録』）。松井あての触状には追而書があり、「貴所之儀ハ越中と相替儀候条」とある。

これは、松井が豊臣秀吉から長岡忠興とは別に直接領知をあたえられていたことを指す。秀吉は大名の有力家臣に直接領知をあたえることを通じて、大名統制を図ることがあった。薩摩島津家における伊集院忠棟、肥前龍造寺家における鍋島直茂などが類例である。秀吉は、本能寺の変、山崎合戦後の天正十（一五八二）年七月、長岡忠興に対する所領安堵と加増（丹後国内の明智光秀領知分）を実施した折、加増分の三分の一を松井康之に給与している（『細川家記』）。

長岡藤孝が細川藤孝として将軍足利義輝に仕えていた頃、松井康之の兄勝之もまた義輝の近習のひとりであった。康之の姉二人も、それぞれ将軍近習の細川輝経、角田藤秀の妻となっている。松永久秀による義輝暗殺事件（永禄八（一五六五）年）の折、兄勝之は討死。康之の妻は沼田光長の娘であるが、この光長も近習で同じく討死している。忠興の母は沼田光長の姉妹（麝香）で、かたちばかりとはいえ細川輝経の養子であった時期がある。そうした事情を勘案すれば、長岡家中で松井康之が格別の位置に置かれたことも頷ける。戦歴も人後に落ちない。追而書に込められたのは、松井康之がその出自・経歴に懸けて忠興から自立・離反することへの期待である。

大谷吉継がこれに書状を添えた理由については、やはり個人的な交友関係を前提に理解すべきであろう。その場合、書面にみえる吉田浄慶（盛方院）が両者を結ぶ位置にあった。吉田浄慶は医師。大谷は上洛の折しばしば浄慶を訪ねている。宿所として用いたことも知られるから、医師として以上の交友関係があったと考えられる（『北野社家日記』）。松井康之の妹は浄慶の兄浄勝の妻、康之の娘は、浄勝の子で浄慶の嗣子となった浄珍の妻となっている。

大谷吉継の書状に「盛法印ニ御入候はん事、尤存候」とある。吉継がこうした姻戚を前提に述べた言葉である。

丹後田辺城攻撃に加わっていた豊臣家直臣（馬廻衆）の尾関喜助は、松井康之・有吉立行にあてた書状で、和睦・開城を促す禁中からの使者の提案に幽斎が応じるようであれば、田辺城に居る松井・有吉の妻子については、みずから安全に保護する用意があると述べている（八月四日付尾関喜助書状、『松井家文庫所蔵古文書』）。そして、その場合の妻子の落ち着き先としては、吉田浄慶宅が想定されていたようである。奉行衆の増田長盛が松井にあてた書状には、「其分妻子なとも盛法印ニ預置候、同者、貴所一身之体ニ而被上候ハヽ、幽斎事なとも申談度候」と述べ、追而書に「猶以委細盛法印より可被申候間不能巨細候」とある（八月十四日付増田長盛書状、『松井家文庫所蔵古文書』）。吉田浄慶自身も、積極的に「京方」への帰属を松井に働きかけていた可能性がある。

しかし、松井康之は「京方」に加わらなかったばかりか、杵築城を死守し、黒田如水らと共闘して、九州における「関東方」の勝利に貢献していくことになる。

図4 大谷吉継（菊池容斎筆「関ヶ原合戦図屏風」部分）
〔敦賀市立博物館提供〕

ところで、前段で「先書」として紹介した立本斎あて七月晦日付松井康之・有吉立行連署書状の追而書に、「去廿三日之御返書到来、拝見候、大形少仕合先度申入候ハ雑説ニて、謀叛の杓フリと相聞申候」とある。

立本斎（あるいは加藤清正）から届いた書状に、大坂政変前後の大谷吉継の動向についての情報が載せられていたようである。ところがこれは「雑説」（根拠のない噂、誤報）であって、吉継は「謀叛の杓フリ」、すなわち謀反の先導者であるらしい、というのが追而書の文意である。

本章4・5で紹介したように、「去廿三日之御返書」は現存しない。もちろんその前提となった松井らの書状も確認できないから、「雑説」の中身をいま知ることはできない。ただ、追而書の文脈から推定すれば、大坂政変のなかで、清正も康之も、吉継が「京方」の中枢に居ることを把握していないばかりか、吉継は「京方」には与していないのではないかとの観測があったようにもうけとれる。

本章2で述べたように、家康が会津に出陣する直前まで吉継は家康による豊臣政権運営を支える動きをみせていた。吉継もまた三成の子息を伴って会津に向かい、折あれば上杉景勝と徳川家康の和睦を図る意思があったことも知られている。そうした情勢からすれば、「雑説」もまた説得力を持つ可能性があったのである。しかし、この吉継書状に接して、松井康之は最終的に吉継の決断を知ることになったのではないだろうか。

大谷吉継が松井康之にこの書状を届けた理由は、個人的な交友関係を前提に理解すべきだと先に述べた。しかし、松井康之と大谷吉継の交友関係を語る史料はのこされていない。取り交わされた書状もこの一通が知られるのみである。ただ、「内府ちがいの条々」などに添えて一個人の書状が届けられる効果、意義ということを考えると、ただいたずらに誰にでも、ということは考えられない。

吉継がどれだけの武将たちに書状を届けたのか、これもわからない。この一通が知られるのみである。敗者の史料はのこらない、といえばそれまでであるが、史料がなければ事実もないというわけでもなかろう。のこされた史料のみから事実関係を復元する作業が含む危うさにも配慮しなければならないのが歴史研究であることを改めておもう。

増田長盛が松井康之を誘引した書状に、「貴所なとも、なにの情けに妻子を捨、太閤様の被忘御恩、秀頼様へ之逆意可有之候哉、御分別尤候」（八月十四日付、『松井文庫所蔵古文書』）とある。妻子の命はどうなってもよいのか、との脅しもガラシャを失った康之には届かなかったであろう。

石田三成は、真田昌幸にあてた書状のなかで、ガラシャ一件について、「長岡越中妻子は、人質に召し置くべき由、申し候ところ、留主居の者間違え、生害仕ると存じ、さし殺し、大坂の家に火をかけ相果て候事」と述べている（八月五日付、『真田家文書』）。

3で指摘したように、長岡留守居への「人質」要求は、十七日が初めてではない。度重なる要求をガラシャが拒んでいたのである。そうした経緯があり、同じ十七日付で丹波・但馬衆の丹後出兵が指示されたのである（4参照）。丹後出兵の報は留守居らの耳にも届いていたであろう。長岡家の大坂屋敷が攻撃対象になることも覚悟しなければならない状況があった。ガラシャや留守居の家臣たちが、自分たちを殺しに来たのだと判断するのはむしろ当然のことである。

筆者がガラシャらを関ヶ原合戦の最初の戦死者と呼んだのはそういう理由からである。留守居らが間違えたと、三成が本気で考えていたとしたら、三成の資質にかかわる。結果的に「京方」の失点となった事件の責任を、長岡家留守居らの誤解に求める弁明とすればなおさらである。戦争は理詰めではいかないことをここで認識することができたかどうか、そこがこのあと「京方」には問われていくことになる。

結局、大坂政変のなかで、大坂城に諸大名の妻子を集めて「人質」とする「京方」の策は、ほとんど活きなかった。

先にも紹介したが、黒田如水・長政父子、加藤清正の妻女たちももちろん「人質」になることが求められたが、大坂脱出に成功し、九州に帰っている。

黒田の場合は、大坂留守居の母里太兵衛、栗山四郎左衛門、宮崎助太夫らの機転で、身代りを人質に出し大坂を脱出した。長岡忠興屋敷焼亡の喧騒に紛れてのことであったという。「京方」の警備を逃れるため、あるいは風待ちであったか、兵庫で数日滞在したのち、「人すむ湊には船を寄せず、夜を日に続でゆき」、豊前中津に到着。その脱出劇には黒田家大坂天満屋敷出入の商人納屋小左衛門、播磨家島船頭太郎左衛門、兵庫右近左衛門らの協力があったという(『黒田家譜』)。彼ら瀬戸内海の水運に従事する人びとの支援なしに成し遂げられる脱出劇ではない。

加藤の場合、大坂の留守居梶原助兵衛の計らいで脱出したが、熊本への陸路に便宜がよい豊後には着岸できず、豊前中津に着き、黒田如水の計らいで長政室の侍女が付けられて熊本に戻ったという(『黒田家譜』)。清正の「女房」が熊本に到着するのは九月一日のことである(第三章6参照)。

また、「京方」となる島津義弘の場合も、「人質」は悩ましい問題であった。七月十四日付で義弘が国元の兄義久に送った書状には、妻女らをどこに避難させるか豊久(義弘の甥)とも相談している最中であるとの文言がある(『島津家文書』)。義弘はこの時点で旗幟鮮明にしていない(第二章7参照)。最終的に義弘は妻女らを住吉に逃れさせ、関ヶ原合戦ののち、堺から逃亡を図った義弘の舟と、妻女らを乗せた舟は西宮沖で合流し、ともに鹿児島に帰ったと伝えられる(『薩藩旧記雑録後篇』)。

「女たち」への対応を誤れば勝機を逃す。「なにの情けに妻子を捨」と、相手を非難する前に、できることと、しなければならないことがあったのではないか。

第二章　伏見城陥落の日に

伏見城は豊臣秀吉が「隠居所」（『鹿苑日録』『多聞院日記』）として築いた城である。最初の城（指月伏見城）は文禄元（一五九二）年八月に築造が始まり、同三年に秀吉が入城。ところが同五年閏七月の地震（慶長伏見地震）で倒壊し、位置を変えて再建された城（木幡山伏見城）は慶長二（一五九七）年に完成し秀吉もここに移った。そして翌年八月に亡くなるまで原則伏見城を居所とした。

家康が伏見城に入るのは、石田三成が失脚した直後の慶長四年閏三月十三日のことである。興福寺多聞院の院主英俊は「家康伏見之本丸へ被入由候、天下殿ニ被成候、目出候」と記した（『多聞院日記』閏三月十四日条）。豊臣政権の行政府は大坂城である。しかし秀吉が伏見城に居て、大坂と京都を両睨みしながら天下を動かした実績によって、伏見城こそが天下人の城であるという認識があったようだ。だからこそ、家康が伏見城を受け継ぐことは「天下殿」になったと英俊は感じ、記したのである。

しかし家康は同年九月に大坂城に移る。伏見城には家康の留守居が置かれるのみとなり、城下に集められた武家屋敷、商家から人影が消えていくことになる。再び伏見城が人びとの耳目を集めるのは翌慶長五年七月、関ヶ原合戦に続く伏見城攻防戦が繰り広げられる時のことである。

醍醐寺三宝院の義演はこの戦いを間近で見つめていた。その日記（『義演准后日記』）によりながら戦いの推移をみておこう。

七月十七日夕刻、毛利輝元が大坂城西ノ丸に入る。ここは「家康住宅ノ丸」であった。留守居の佐野綱正は家康の側室らを淀城に移し、みずからは伏見城の明け渡しを拒んだ鳥居元忠らとともに城に籠る。そして籠城衆は十九日、「内府ちがいの条々」を発した奉行衆増田長盛・長束正家・徳善院の館を焼く。徹底抗戦の構えである。同日夕刻からは「秀頼様衆」が城に押寄せ連日鉄砲を撃ちかけることになるが、大将格の武将の到着が遅れ、攻撃ははかどらなかった模様である。二十二日夕刻にようやく小早川秀秋が着陣。翌二十三日には城内から火の手が上がったという。

義演は、秀秋から禁制を受領して境内・寺領に掲げたものの、二十八日には「濫妨人百四五十」が境内に押し入り城攻めのための竹を伐取ると言ってきた。寺侍のほか早鐘を聞いて集まった郷民らがこれを実力で阻止したが、近隣では竹が伐採され持ち去られるという被害が生じたため、大坂の奉行衆に使者を遣わし改めて禁制を求め、三十日に受領した。しかし、近隣での竹木伐採被害は続いたようである。

豊臣秀吉による天下一統以来畿内ではじめての内戦が秀吉の「隠居所」で引き起こされることになった。そして、その「隠居所」を死守しようとしているは家康の家臣たちであり、攻めているのは秀吉に見いだされ立身した石田三成ら奉行衆の指揮する「秀頼様衆」である。何とも皮肉な構図である。

しばしば長尾山から戦況を眺めた義演であるが、聖教などを避難させる準備を整え、万一に備えていた。さいわい境内・寺領の被害は少なかったようだ。しかし、「濫妨人」の侵入をはじめ、「此辺迷惑此時也」と記したように、「秀頼様衆」の軍規の乱れは否めない。大坂の奉行衆にとっては予想外ともいえる長期戦にもつれこんだのも、籠城軍の善戦というより「秀頼様衆」の足並みの乱れによると考えられる。

八月一日、ようやく城が落ちる。長尾山で伏見城最後の姿を目撃した義演は、「六十余州諸侍、三ケ年普請苦労ノ城、凡三時斗ニ滅了、或金物以下、或結構道具等、取散了、如夢」と記した。秀吉の栄華を籠めた伏見城が焼け落ちる姿を夢とみたか、秀吉の栄華とそれがもたらしたひとときの平和を夢とみたか。いずれにしても、「京方」と「関東方」の長い戦争はここから始まる。

さて、家康が上杉討伐に向かった後の上方の情勢は、伏見城留守居や京極高次らによって家康の耳目に届いていた。また、家康に従軍している諸将もまた、大坂や伏見に残した家臣・家族らとの通信も確保していたから、不測の事態への対応はある程度個別にも構築できる状況にあったことは、前章でも紹介したとおりである。下野国小山の陣中で諸将を集め、家康が「京方」の軍事行動を伝えて、去就は諸将の判断に任せると述べたのに対し、諸将はこぞって家康支持を表明して気勢をあげたという、いわゆる「小山評定」の説話に拠るまでもなく、「関東方」の対応策は、伏見城籠城軍の奮闘、あるいは「京方」の拙攻が作り出した時日のなかで構築されていったと考えられる。

「京方」「関東方」それぞれに属することになる武将たちが、伏見城陥落の前後に集めた情報をもとに、八月一日付で認めた書状を集め、並べてみると、関ヶ原合戦の帰趨が見えてくる印象がある。伏見城陥落という戦果を得た「京方」ではあるが、その勢いに早くも陰りが生じ、「関東方」のしたたかで、計算された軍事工作の種がまかれ、花開き、実を結んで家康に勝利をもたらす流れがみえてくるのである。

さっそく書状を読んでいこう。

1　鍋島勝茂、毛利吉政とともに伏見城攻略に加わる

慶長五年八月一日、伏見城が陥落した。最初に紹介する書状は、本丸攻略に功績のあった鍋島勝茂と毛利吉政（勝永、吉永）にあてられている。伏見城攻略戦での戦功を賞し、今後奉行衆と鍋島らを取次ぐ役にあたる使者を紹介する内容である。江戸時代に佐賀藩（鍋島家）が編纂した『鍋島勝茂公御年譜』（享保年間、一七一六―三五年成立、以下『年譜』）、『鍋島勝茂公譜考補』（天保十四（一八四三）年）成立、以下『考補』）に掲載されている。

書状を読む前に、これら二つの書に拠って、鍋島勝茂が伏見城攻略に加わるまでの時系列を確認しておこう。『考補』は以下のように記している。

六月に徳川家康が会津に出陣した折、鍋島直茂・勝茂父子、龍造寺高房はともに大坂にあったが、勝茂と高房が家康に従軍することになり、直茂は佐賀に帰った。出陣の用意に手間取り、七月初旬、勝茂は毛利吉政（勝永）と申し合わせて高房を伴い大坂を出陣した。ところが、近江愛知川に石田正澄（三成の兄）が関を設けて東への通路を塞ぎ、さらに石田三成が安国寺恵瓊や菊首座に家康の非儀を糾弾する書立（「内府ちがいの条々」）を諸将配布させたので、大半が彼らの説得に応じて石田に味方した。そこでやむを得ず愛知川から引き返し、奉行衆の指示で大坂に入った。大坂では毛利輝元が大坂城西ノ丸に入り、家康にかわって「天下ノ成敗」をつかさどっていた（以上、『年譜』もほぼ同じ）。

龍造寺高房（羽柴藤八郎、高房と名乗るのは慶長八年であるが便宜上この名で示す）は、肥前の国人衆から台頭して北部九州を席巻した龍造寺隆信の孫にあたる。ただ、隆信の敗死後龍造寺家は衰退し、すでにこの頃には重臣鍋島直茂が実権を握っていた。高房は慶長五年に十五歳。父政家と直茂の協定により直

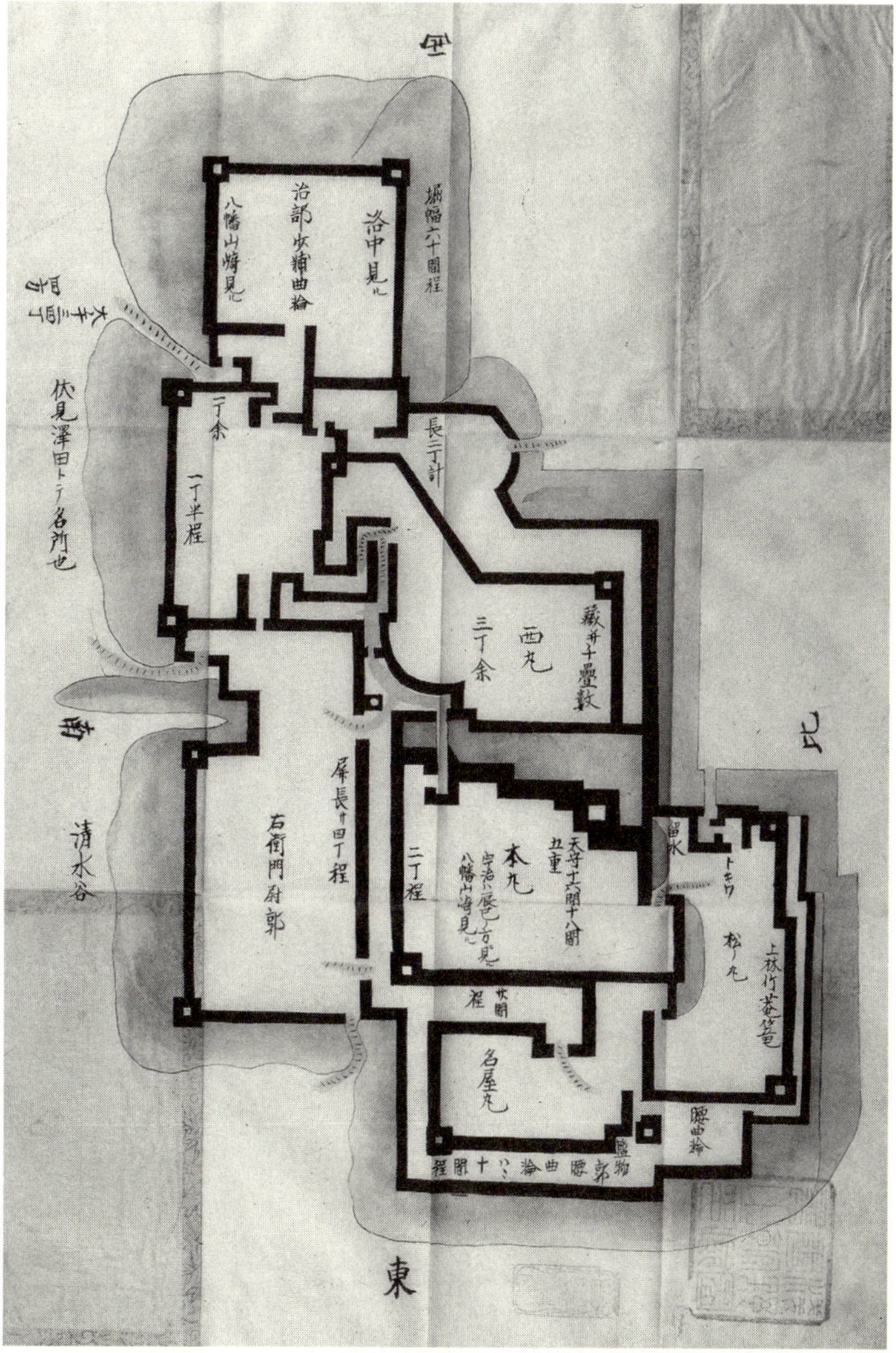

図 5　伏見城見取り図（浅野文庫蔵『諸国古城之図』より）
〔広島市立中央図書館提供〕

茂の養子という立場にあった。また、毛利吉政は豊前小倉城主毛利吉成の子で政家の娘（高房の姉）が吉政の正室となっていたので、吉政は高房の姉婿にあたる。当初、家康に従うために大坂をそろってこの三人が出陣したのはそうした縁故による。

しかし、すでに東山道筋の愛知川渡河地点に石田正澄が関を設けて、家康を追って東へ向かう諸将の進軍を阻止していた。『時慶記』（西洞院時慶の日記）七月十三日条には、「昨夜ヨリ伏見・大坂物言掻（騒）動ト、可尋之、陣立ノ衆少々帰衆在之ト、不審也」とある。これらが愛知川から帰参した武将たちであるとすれば、大谷吉継が石田三成の説得に応じて佐和山で家康打倒の軍に加わることを明言したという七月十一日には、すでに正澄の愛知川封鎖が完了していた可能性が高い。

吉継も伏見から家康の後を追って東山道を下ったのであるが、正澄が愛知川を抑える以前に渡河していたようだ。吉継は通路にあたる佐和山にみずから出陣の挨拶に出向いたとも、美濃垂井に進んだところで三成の使者に呼び戻されたとも伝えられる。軍記類により記述が異なる。ただ、いずれの軍記類も、三成の決意を伝えられた吉継が数日熟考したと記しているので、これを前提に、遅くとも七月初旬には伏見を出たと考えられる。

したがって、勝茂・吉政らが大坂を出たのは吉継の出陣後。帰参した武将たちと途中で出会うこともなく愛知川まで達したようなので、七月八日前後の出陣と想像される。『時慶記』が記した「陣立ノ衆少々帰衆」のなかに勝茂らがいた可能性も否定できない。そして「帰衆」らは再び奉行衆の指示で大坂城に集められる。大坂城に毛利輝元が入るのは七月十七日のことであるから、「帰衆」の大坂入りもその前後と想像される。大坂城では、復帰した石田三成をはじめ増田長盛・長束正家らの奉行衆と毛利輝元、宇喜多秀家が豊臣秀頼を支える体制づくりを急いでいた。関ヶ原合戦に続く戦いのなかで「京方」に属することになる武将たちのなかには、こうした事情で「京方」に身を置くことになった者も少なくない。

そして伏見城攻撃が開始される。伏見城は家康の居城である。留守居は鳥居元忠、松平家忠ら家康の直臣たちである。島津義弘らの入城を拒否し、七月十九日には籠城の意思を明らかにして、城中から火をかけて増田長盛・長束正家・前田玄以ら奉行衆の伏見屋敷を焼いた（『言継卿記』『義演准后日記』『時慶記』、『北野社家日記』は十八日とする）。翌二十日以降、西洞院時慶は毎日のように鉄砲の音が激しいと日記に記すことになる（『時慶記』）。

鍋島勝茂の動きはどうであったか。『勝茂公譜考補』が引用する『水江事略』は以下のように記している。『勝茂公譜考補』より早い時期に成立した記録の認識として興味深い。

同（七）月下旬、「秀頼公ノ軍」が伏見に向かった。大将は金吾《きんご》秀秋（小早川秀秋、金吾はこの場合、左衛門督《さえもんのかみ》）、従うのは羽柴侍従（島津）義弘、同又七郎忠恒島津家久、龍造寺高房公、鍋島勝茂公、毛利豊前守吉政（勝永）ならびに輝元・秀家（元）の一族、増田右衛門長盛の家臣石川式部丞、長束大蔵大輔正家の家臣家所帯刀、銃将には鈴木孫三郎、弓将には松浦安大夫・河口久助等、士卒都合二万三千騎が同二十五日から伏見を攻めた。石田三成の兵三千もこれに加わった。

伏見城攻撃の軍勢を「秀頼公ノ軍」と称している。醍醐寺三宝院義演も「秀頼様衆」と記した（『義演准后日記』七月廿日条）。豊臣正規軍という認識である。大将は小早川秀秋とするが、宇喜多秀家とするのが通説である（『年譜』は秀家とする）。島津、毛利らの軍勢とともに、龍造寺高房、鍋島勝茂、毛利勝永らが加わった。増田長盛・長束正家の家臣らは軍目付であり大坂城にある奉行衆との意思疎通を図る役割がある。鈴木孫三郎（重朝、雑賀衆）・松浦安大（太）夫（宗清）・河口久助は豊臣家直参衆である。なお、島津義弘に続いて記される「又七郎忠恒島津家久」は、島津豊久（又七郎）のことであろう。島津家当主の忠恒（家久、又八郎）は薩摩に居り、伏見城攻撃軍には加わっていない。

次に、「同廿五日ノ夜ヨリ伏見ヲセム」とある。確かに、二十一日の段階で「大将分」（大名格の武将）が未着という状況であり（『義演准后日記』）、二十二日から二十三日にかけて小早川秀秋・大谷吉継・宇喜多秀家・毛利秀元・安国寺恵瓊・石田正澄らの軍勢が、大坂から伏見に移動している（『時慶記』）。しかし、十九日に徹底抗戦の姿勢をみせた籠城軍への対応としては、二十五日夜からようやく主力軍による攻撃が開始されるというのは、やや悠長な構えにみえる。後に述べるように、伏見城は一日も早く落し、次の軍事作戦に移るというのが石田三成らの構想であったから、遅い。

家康は豊臣秀頼の名代と称し豊臣正規軍の旗を立てて関東に居る。ところが、「秀頼公ノ軍」「秀頼様衆」が新たに立てられ、家康の城を攻める。とくに、家康を追って東に向かうことを阻まれ、敵は伏見城にありと宣言されて攻撃に従事することになった「帰衆」の当惑は想像に難くない。一度は出陣したわけで、軍備は整えられている。しかし、志気はあがらなかったであろう。

ただ、この頃、毛利輝元の娘を高房に嫁がせる計画が鍋島直茂主導で進められていたらしい（慶長十二年七月二十六日付、龍造寺政家あて鍋島直茂書状）。『考補』は、「此頃、藤八郎殿へ毛利輝元ノ御姫御縁相済ヌルニ付、（中略）ソノ御縁ニヒカレ拠ナク西方ヲナサレケルト也」と記す。婚姻は関ヶ原合戦で実現しないが、こうした事情も勘案し、勝茂らは毛利輝元に従う選択を余儀なくされた可能性がある。

八月一日、伏見城はついに陥落する。『年譜』『考補』は勝茂の家臣たちの戦功記などを典拠に、戦いのあり様を述べている。これによれば、最初に城門を打ち破り、城中に乗り入って、「一番乗」と呼ばわったのが勝茂の家臣成富十右衛門であるという。そして、天守は小早川秀秋の手勢が火矢を射かけて焼き崩し、鍋島の手勢も本丸に火矢をかけ、最後は籠城軍を西ノ丸に追い詰めて殲滅。鳥居は鈴木孫三郎が討ち取ったとも述べている。

この辺り、先祖が伏見城攻撃に加わった経歴を有する近世大名家がそれぞれに作成した家伝により詳細は異なるのであるが、鈴木が鳥居を討ったことは他の伝記類にもみえ、通説となっている。また、秀秋軍の活躍についても、『時慶記』が「筑前中納言手柄ノ由」と記したように、世評にのぼったようである。

そして、鍋島軍の一番乗りについては、次の文書を掲げて疑いないものと伝えたのである。

> 御本丸御手前ゟ被乗取候由、御手柄共不及是非候、為御見舞承懇、先々此者参候、恐惶謹言、
>
> 八月朔日　　　　　　　　　増右
>
> 　　　　　　　　　　　　　長盛　判
>
> 鍋島信濃守殿
>
> 毛利豊前守殿
>
> （『勝茂公譜考補』）

【現代語訳】

（伏見城）本丸を大手口（「御手前」）から攻撃し占拠されたとのこと、すばらしい御手柄です。（この書状を届ける者が）陣中の御見舞かたがた、今後用件を取次ぐことになります。よろしくお願いします。

『年譜』『考補』はともにこれを「感状」としている。感状とは、戦闘行為から遠くない時点で、顕著な戦功をあげた人物にあてて、戦功内容を記しこれを賞する文言を添えて、総大将（将軍、大名など）や軍奉行が署判して授ける文書をいう。受領した武士は後日の論功行賞に備え、保存した。右の文書も戦功を賞する文言があるので感状とすることに無理はない。また、『年譜』は、「増田右衛門尉長盛ヲ軍監」として勝茂らが大坂を発ったと記している。まずはこれらを勘案して、増田長盛感状という表題をつけることに異議はあるまい。

『年譜』『考補』は、この増田長盛感状に続き、①八月二日付長束正家・増田長盛・前田玄以連署感状、②八月五日付毛利輝元・宇喜多秀家連署感状を掲載している。①には「伏見本丸を被乗崩、西之丸迯落候処、鑓を被合、御手前ニ首百程被打取し由」あって、戦功が具体的に記され、②には「貴所御手前御粉骨之至、秀頼様御感不斜候、仍金子廿枚幷御知行三千石被充行畢」と秀頼の名を掲げ褒賞内容を示す。充所は鍋島勝茂（「信濃守」）・毛利吉政（『豊前守』）連名である。八月一日付感状にみえる増田長盛の使者を通じて合戦の詳報、勝茂らの戦功内容が具体的に大坂城に届けられていたようだ。

こうして伏見城攻略でともに戦い戦果をあげ、加増をうけた鍋島勝茂と毛利吉政であるが、伊勢に転戦する頃から両者の動きに変化があらわれる。

毛利秀元・吉川広家・安国寺恵瓊・長宗我部盛親・長束正家らが伊勢に侵攻するのは八月五日のことである。鍋島勝茂・毛利吉政・龍造寺高房らも「右御人数ニテ」(『年譜』『考補』)伊勢に転じた。この戦いでは長束正家が軍奉行であったという(『同』)。八月二十五日に富田信高・分部光嘉が籠る安濃津城を降し、次いで松坂城の古田重勝を降すと、毛利秀元らは伊勢を去り美濃に向かい、九月七日に関ヶ原の東方南宮山に陣取る。

この間の勝茂の動きについては『年譜』『考補』が述べている。八月二十二日に開始された安濃津城攻撃では、勝茂は秀元軍と同じ陣にあり、鍋島勢が二の丸をいち早く占拠して籠城軍を本丸に押し込めたと記し、これを賞する八月二十六日付増田長盛感状を載せている。

安濃津城は木食応其らの説得で二十五日に開城しているので、「本城落居不可程候」(本丸が落ちるのも間もないこと)という文言に違和感があるかもしれない。しかし、増田は大坂城で感状を認めているのである。使者の往復を考慮すれば、二十二日の戦功を聞き、いまだ安濃津城開城の報を二十六日に得ていなかったことは容易に想像される。情報時差である。

さて、この感状の充所に毛利吉政の名はない。実は伏見城攻撃のなかで、吉政は重臣の毛利九左衛門・同勘左衛門らを含む多くの家臣を失い、そのことが豊前小倉の父吉成の立場も危うくしていた。家中が弱体化し最終的には毛利輝元が小倉城などを接収し、黒田如水らと対抗する大友義統を支援する体制を整えることになる。吉政もまた、独自の軍事編制が困難となり、伊勢の戦陣以降安国寺恵瓊の指揮下に入る。そして、関ヶ原合戦でも結局傍観を余儀なくされる。

一方、鍋島勝茂は関ヶ原の戦場に姿をみせなかった。父直茂が家康の天下を見通して勝茂に自重を求めたという。毛利秀元らが美濃に向かうなか、勝茂は伊勢野代（桑名市）で留まり、長嶋の福島正頼（正則の弟）に備えるとして、宇喜多秀家・石田三成から寄せられた美濃への出陣要請には応じなかったのである。

ただ、勝茂の苦難はその先にあった。家臣を関ヶ原に偵察に出向かせ、石田らの敗戦を知ると、野代の陣を引き払い、落ち武者狩りを避けながら桑名から千草越で近江に入り、伊賀・大和経由で大坂玉造の屋敷に戻る。堺から船で鹿児島へ帰還する島津義弘に同道を持ちかけられたが、このまま戻れば父直茂も一味と解されることを懼れ、これを断り、家臣を遣わし黒田長政に家康へのとりなしを求めたのである。「反逆人ノ党類鍋島家人ヨト、皆人指ヲ差テ取合者モ無シ」というありさまであったが、なんとか長政に会い、長政の仲介で山科に居た井伊直政を訪ね、漸く家康の許しを得たと伝える（『年譜』『考補』）。こうして鍋島家は存続した。

一方、毛利吉政は父吉成とともに、翌慶長六年九月、土佐の山内一豊に預けられることになった。もとより敗軍の将として命を奪われる危険もあったが、山内一豊、池田輝政、加藤清正らの進言によって死を免れた。当初は清正のもとに預けられていたが、一豊の申し出によって土佐に移されたのである（「毛利豊前守殿一巻」『山内家文書』）。石田三成らによって会津出陣中の諸大名の妻子が人質とされようとした時、一豊は吉政の父吉成の通報を得て難を逃れたことがあり、これに報いる意味で待遇にも配慮が加えられたと伝えられる（『南路志』所載、山内一豊年譜）。

しかし、安穏とも思える土佐での日々も長くは続かなかった。大坂の陣である。吉政は土佐を出奔して大坂城に入り、家康を脅かす戦いに身を投じていく。一豊の配慮がかえって吉政には重荷で、臥薪嘗胆の想いを募らせることになったのかもしれない。

2　大谷吉継、北国に向かう

大谷吉継は、天正十七（一五八九）年の冬、蜂屋頼隆の後任として秀吉から敦賀五万石（奥羽仕置のあと加増あり）の領知をあたえられた。太閤検地で敦賀郡は二万石余。領知は木の芽峠を越えて南条郡、丹生郡（現在の南越前町、越前市域）などにも及んでいた。

伏見城攻撃に加わっていた吉継はおそらくその落城を見る前に敦賀に向かうことになる。加賀の前田利長が越前に侵攻する勢いをみせていたからである。利長は、父利家の死後、大老衆の一席を占める立場にあったが、第一章で紹介したように家康暗殺を企てたとの嫌疑をかけられ、家康との和睦の証として母芳春院を江戸に人質として送っていた。こうした背景のなか、利長は七月二十六日に金沢を出立し、一路越前を目指していたのである。

猶々山口玄蕃所へ書状遣之条、相届候やうに憑申候　以上、

御帰城之由候条令申候、其堺之趣被仰越度候、於御手前者、不可有御由断旨、其段不及申候、

一　伏見松丸昨夜乗捕候条、本丸之儀、落去者不可有　程候、於様子ハ追々可申入候、

一　治少夜前被罷越申談候、於様躰者自　各可被申候、

一　従東国到来候趣、是又増右可被申入候条、不能申候、猶追々可申承候条、令略候、恐々謹言、

八月一日　　　　　　　　　　　　　　芸中
大刑少　　　　　　　　　　　　　　　　輝元（花押影）
　御宿所
（『類聚文書抄』）

【現代語訳】

（追伸）なお、（大聖寺城に居る）山口玄蕃（宗永）に書状を遣わすので届けてください。（敦賀へ）帰城されるというので申し上げます。北国（「其堺」）の情勢をお知らせください。あなたも油断なく備えてくださ い。申すまでもないことですが。

一、伏見（城）松丸を昨夜攻略したので、本丸もまもなく落ちるでしょう。状況は追々お知らせします。

一、石田三成（「治少」）が昨夜（大坂城に）来て相談したところです。その内容については奉行衆ら（「各」）から報告があるでしょう。

一、東国から（軍兵が）進軍していることも、増田長盛（「増右」）から報告があるとおもいますので、ここでは述べません。（今後も）逐次情報交換することになると思いますので、あとは省きます。よろしくお願いします。

吉継がこの書状をどこで受け取ったのかはわからない。ただ、この書状が八月一日の早朝に認められて

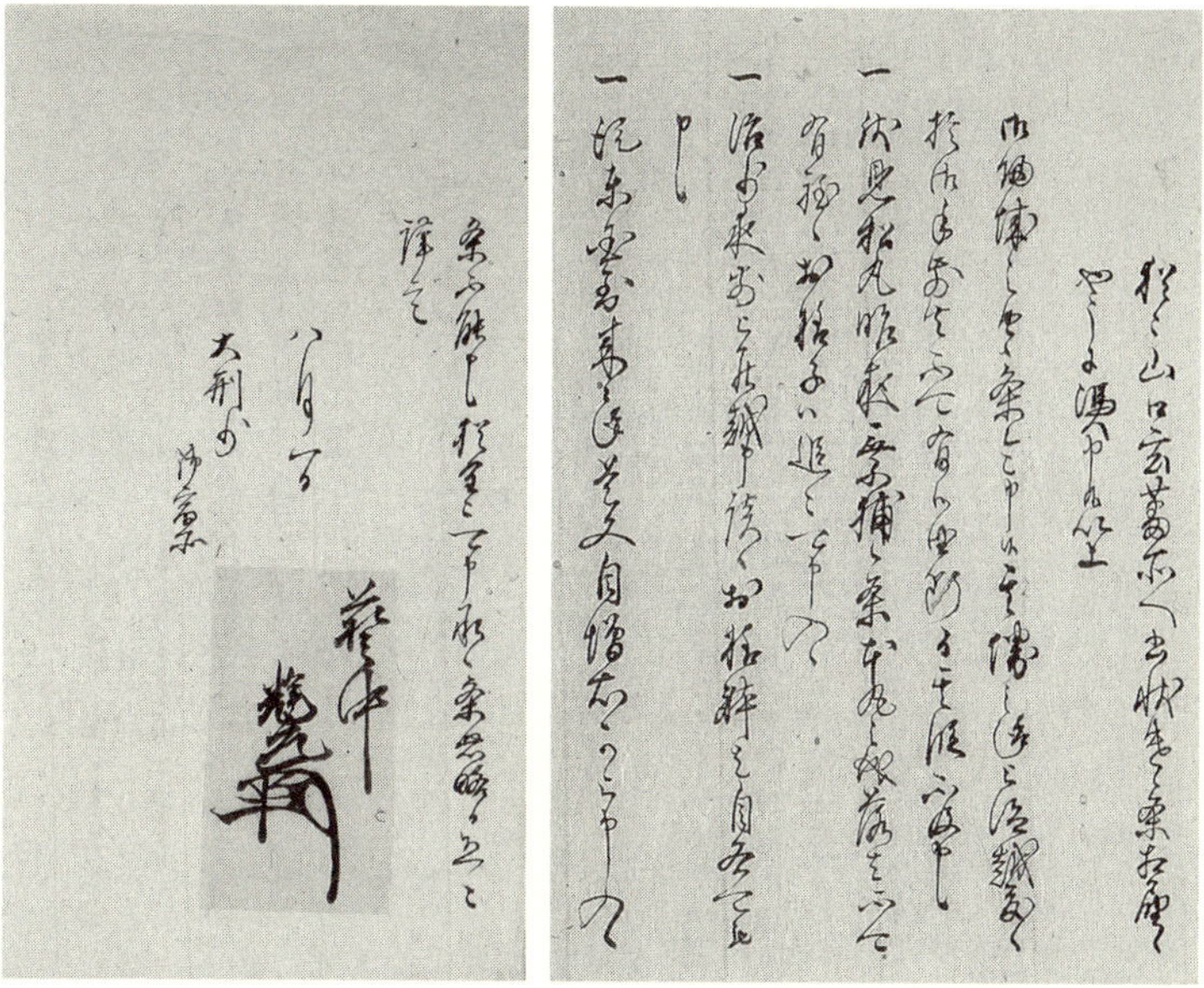

図6　毛利輝元書状写（『類聚文書抄』）〔西尾市岩瀬文庫提供〕

いた可能性は高い。ひとつ書きの一条目に、伏見城松ノ丸が昨夜落ち、本丸もまもなく落ちるとの観測を示した部分がある。ところが、伏見城本丸は八月一日の朝に落ち、籠城していた鳥居元忠・松平家忠らは討死していたのである。伏見城本丸が落ちたという報告はまだ輝元に届いていなかったようである。

『時慶記』（西洞院時慶の日記）八月一日条には、「今晩伏見城焼、今朝攻落シ城守討果シ候、筑前中納言手柄ノ由ト、嶋津・浮田等ハ大坂へ被越ト、」とある。この記事にしたがえば、伏見城は一日の朝に落ち、籠城軍は壊滅。この日のうちに島津義弘、宇喜多秀家らは大坂に戻っていたことになる。小早川秀秋の「手柄」が特筆されているのも興味深い。

輝元が伏見城本丸陥落の報を得る前にこ

の書状を書いたとすれば、一応の説明がつき、吉継がどこで落手したかを考える重要な情報となる。

さて、二条目。「治少」、すなわち石田三成（治部少輔）が昨夜大坂城に来て、相談したことが記される。『時慶記』八月一日条、先の引用に続く部分に、三成が「一昨大坂へ被越ト風聞」とあるが、真田昌幸にあてた七月三十日付石田三成書状（『真田家文書』）に、「漸昨日伏見迄罷上躰ニ候」とあり、三成が佐和山から伏見に到着したのが二十九日、そして、輝元と大坂城に会したのが三十日ということで間違いない。

何が話し合われたのか。文面には、「各」（奉行衆、増田長盛・長束正家ら）から伝えるとあり、まずは吉継あての奉行衆連署書状が届けられたと推察されるが、現存しない。したがって、会談の中身を知る術はないのであるが、伏見城が落城間近という情勢のなか、次なる課題は北陸路の前田利長と、いよいよ行動を起こすだろう徳川家康への対応を整えることが主題であったことは確かであろう。

『真田家文書』に、家康軍との合戦に備えた武将配置と兵員配分が記された目録（「備口人数注文」表1・図7）がのこる。石田三成が八月五日付で真田昌幸あてに認めた書状に添えられていたと伝えられる。伊勢口は毛利輝元、美濃口は石田三成、北国口は大谷吉継がそれぞれ大将となることや、配下の武将と兵員数が記されている。真田あての三成書状に添えられたとすれば、七月三十日夜に大坂城で輝元と三成が会し、奉行衆らとともに作成された可能性がでてくる。

ただ、その場に吉継は居なかった。大坂城に居れば同席しているのが当然と想像されるが、輝元と三成の合議の内容は奉行衆から伝えると述べているから、おそらく三十日夜の時点で吉継は大坂に居なかったのである。

表1　備口人数注文（『真田家文書』より）

伊勢口 79,860	毛利輝元	41,500
	（毛利秀就）	（10,000）
	宇喜多秀家	18,000
	小早川秀秋	8,000
	長曾我部盛親	2,100
	京極高次	1,000
	立花宗茂	3,900
	毛利秀包	1,000
	筑紫主水	500
	龍造寺政家	9,800
	脇坂安治	1,200
	堀田氏吉	300
	滝川雄利	400
	山崎家勝	400
	蒔田正時	370
	中居式部大輔	390
	長束正家	1,000
美濃口 25,700	石田三成	6,700
	織田秀信	5,300
	羽柴右京·稲葉貞通	1,400
	島津義弘	5,000
	小西行長	2,900
	同与力四人	4,000
	稲葉通重	400
大坂御留守居 42,400	御小姓衆	7,500
	御馬廻	8,300
	御弓鉄砲衆	5,900
	前備後備	6,700
	輝元人数	10,000
	徳善院	1,000
	増田長盛	3,000
伊賀在番		7,000

北国口 30,100	大谷吉継	1,200
	木下利房·（勝俊）	3,000
	丹波七頭之衆	5,000
	但馬弐頭	2,500
	木下頼継	700
	播磨姫路衆	800
	越前東郷衆	2,000
	戸田勝成	500
	福原右京亮	500
	溝口彦三郎	300
	上田重安	300
	寺西是成	500
	奥山正之	500
	小川祐忠·祐滋	2,500
	（生駒親正）	1,000
	（蜂須賀家政）	2,000
	青木一矩	6,000
	青山修理	800
勢田橋爪在番 6,910	太田（一吉）·一成	1,020
	垣見一直	405
	熊谷直盛	405
	秋月種長	600
	相良頼房	800
	高橋元種	800
	（伊藤祐兵）	500
	竹中重利	360
	（中川秀成）	1,500
	木村清久	520

・単位は人、「伊勢口」は藤七郎（秀就）付の一万が総計から除かれている。
・（　）は不在の武将。

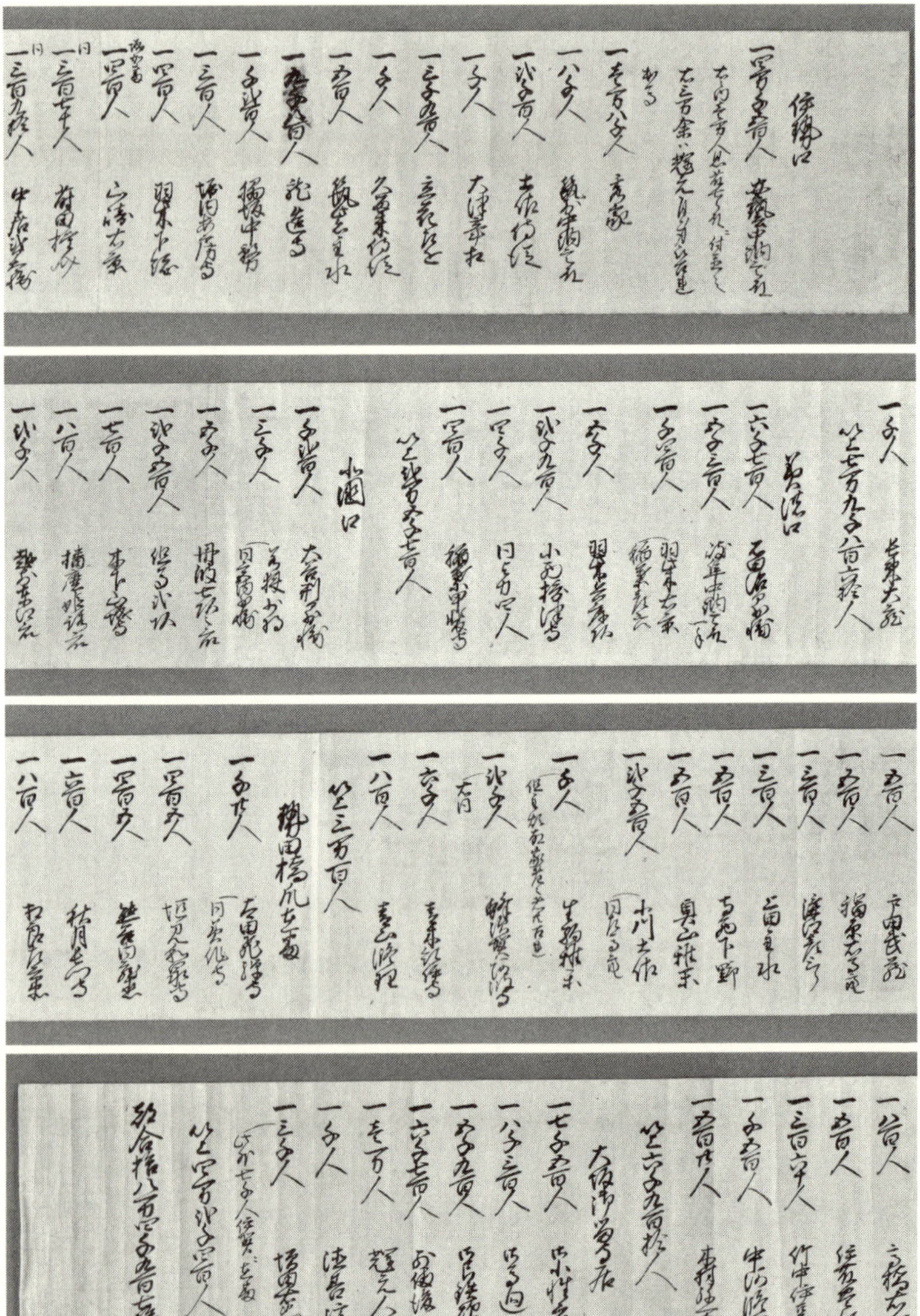

図7　備口人数注文写真（『真田家文書』より）〔真田宝物館提供〕

三条目。東国の情勢については増田長盛（「増右」）が伝えるとある。東国の情勢とは、家康とともに上杉討伐の陣にある武将たちの動向である。いわゆる「小山評定」（七月二十五日とされる）ののち、彼らが次々と西上してくる。石田三成は、真田昌幸にあてた書状で、尾張・美濃の境で彼らを留め、秀頼への忠誠心を確かめたうえで帰国（妻子のいる大坂へ戻る）の可否を判断すると述べている（七月三十日付、『真田家文書』）。これが輝元と大坂城で会した折に話し合われた内容に含まれたか、話し合いの前に書状が書かれていたのか、そのあたりは判然としない。ただ、結果的には、木曽川の手前、すなわち美濃に入ることなく福島正則の居城清州城に彼らは結集し、志気高く木曽川を越えることになる。

なお、東国の情勢を吉継に伝える長盛の書状も書かれたと考えられるし、逐次情報交換すると述べているように、敦賀、さらには北進して北庄（福井）に向かった吉継との間に、大坂の輝元、奉行衆との間で多くの書状が授受されたと考えられるが、全く現存しない。戦時の情報であるから、むろんこうした書状類をみずから廃棄することもあったと考えられるが、やはり滅びた側の史料は少ない。

そして追而書（追伸）である。山口玄蕃は加賀大聖寺城主の山口宗永。今その活動歴を紹介する暇はないが、豊臣政権では奉行衆のひとりという評価でよいと考える。小松城の丹羽長重らとともに前田利長を迎え撃つ準備をしていた。金沢を出立した利長は小松城を避けて南進し、大聖寺城を攻める。激戦ののち大聖寺城は陥落。八月三日のことである。宗永らは自刃して果てた。

輝元は宗永に何を伝えたかったのか。利長が大聖寺城に近い松山城に入るのが八月一日という。この書状を認めた時点で、利長が小松城を素通りしたことを輝元が知ることは困難である。したがって、宗永あての書状を吉継に託し、届けるようにと頼んだ輝元の心中には、吉継が大聖寺城を支援することを期待するおもいもあったと考えられる。しかし、おそらく輝元の書状を宗永が手にすることはなかった。

さて、この毛利輝元書状、大谷吉継の背中を追うように認められた印象がある。伏見城攻撃に従事していた吉継の兵にとっては強行軍となるが、前田利長の進軍は食い止めなければならなかった。八月二日付で越前今泉村（浦）に授与された禁制がのこる（『西野次郎兵衛家文書』）。

一、（大谷の）軍兵、その他の者が乱暴・非道を行うこと
一、山林の竹木を（勝手に）伐採すること
一、放火はさせないこと
これらの条々に違反する者があれば（大谷の責任で）厳しく処罰する
慶長五年
八月二日　　大谷刑部少輔（黒印）

今泉村は越前海岸に所在する浦である。吉継の兵は敦賀から海路今泉に向かい、そこから峠を越えて越前府中、北庄を目指した可能性がある。後世の著作ではあるが、『慶長見聞書』（浅羽成儀、一六五一年）には、吉継は八月三日未明に敦賀を立て鯖並（南越前町）に着き、府中城（越前市）を攻める手筈を整えたと記される。前掲禁制とも矛盾しない。

最後に、吉継が八月二日には敦賀に到着している前提で、輝元の書状をどこで受け取ったのか考えてみよう。

吉継は七月二十九日の朝は伏見にいた。前夜島津義弘に招かれ大酒に及び、二十九日早朝に訪れた義弘の使者に、「沈酔」ゆえまともな対応ができなかったことを詫びる書状がのこる（『島津家文書』、外岡「二日酔いの大谷吉継」『日本歴史』八二〇参照）。『時慶記』にあるように、義弘が伏見から大坂に戻るのは八月一日であるから、吉継が招かれたのは伏見の島津邸（あるいは陣）であったことになる。

次に、輝元書状に伏見城の状況が述べられていることが重要である。伏見城松丸が三十日夜に落ち、本丸を攻撃中であるとしている。吉継が三十日も伏見に居たのであれば伏見城の状況は把握できたはずである。吉継は早ければ二十九日のうちに、遅くとも三十日の夜までに伏見を発っていたと考えるのが穏当である。三十日の夜、輝元と三成が大坂城で奉行衆とともに会した折に吉継がその席に居なかったことは確認済である。しかし、三十日付で吉継は信州上田に居る真田昌幸・信繁にあてた書状を認めている。真田家の「大坂留守居」から国元に飛脚がたつというので、これに書状を託し、真田昌幸・信繁父子に大坂・伏見の情勢を伝え合力を頼む内容である（『真田家文書』）。

昌幸・信繁父子は、上杉景勝征討を名目に家康が北関東に兵を進めたことに応じて下野国宇都宮に出張したが、石田・大谷の挙兵を知り、家康軍から離脱して居城のある上田に戻っていた。そして、真田家の「大坂留守居」には、真田昌幸・信繁父子の妻たちも含まれる。彼女らもまた人質として大坂城にあった。しかし、彼女らは大坂城内の吉継邸に置かれていた。信繁の正室は吉継の娘である。

吉継が伏見から真田家の「大坂留守居」の飛脚に書状を託すことも不可能ではないが、この場合、やはり吉継は大坂で書状を認め、真田家の飛脚便に添えたと考えるべきであろう。三十日に吉継は大坂に居た。そしてその日の夜、伏見城松丸の陥落を知る前に敦賀に向けて出立したとおもわれる。その場合、八月一日に敦賀に居ることも困難で、輝元の書状は敦賀への途次、吉継を追いかけてきた輝元の使者から受け取ったと推察できる。

この毛利輝元書状。この段階では毛利輝元も本気で「京方」の中心で動いていたことを感じさせる内容である。

3 石田三成、北庄の青木一矩を激励する

前田利長は七月二十六日に金沢を発ち、翌二十七日、先鋒隊は丹羽長重が籠る小松城を牽制できる位置に進ませ、利長自身は三堂山（三道山、石川県能美市）に陣を置いた。北庄城（福井市）の青木一矩はその報に接したのであろう。三成が受け取った青木の書状には、前田軍襲来に怯える一矩の切迫した心情が綴られていたようである。次に紹介するのは、三成がこれに答えた返書である。

> 尚以小松表之儀切々御注進尤候、ふかと相働に付て、拙者人数つれ、不寄時日懸付、可有一戦候間、御気遣間敷候、何時も可申便候、追々可得御意候、以上、
> 去月廿八日御飛札、今日朔参着、於大坂拝見候、拙者儀昨日当地着候、仍小松表之様子承候、令得其意候、定為差働ニても不可在之候、併各令談、小松へも御加勢、其外大聖寺、丸岡、其他何へも御加勢可在之候、相究御書立候条、頓て御人数可被差遣候間、於様子者、可御心安候、其上何時も拙者懸合可申候間、被成御気遣間敷候、将亦、今日伏見城本丸へ悉乗入、西丸何茂焼失候、こほり落候者共数多討果候、殿主も悉焼亡、加様早速相済候儀、天命難遁儀と存事候、猶小松表之様子、追々御注進

尤候、恐惶謹言、

八月朔日　　石治部三成（花押）

青紀伊様

御報

（『前田源太家所蔵文書』『越前若狭古文書選』による）

【現代語訳】

（追伸）なお、（加賀国）小松周辺の状況についての詳細な報告には満足しています。（前田軍が）深々と侵攻してくるようであれば、私が軍勢を率いていつでもかけつけ、一戦に及ぶつもりですので、ご心配は無用です。いつでも対応できます。これからもご報告お待ちします。

去る（七月）二十八日のお手紙が今日届き、大坂で読ませていただきました。私は昨日大坂に到着したところです。小松周辺の情勢についてのご報告、しっかり読ませていただきました。（青木一矩の手勢では前田利長軍を迎え撃つために）兵を動かすことも困難でしょう。（大坂で毛利輝元、奉行衆らと）協議して、小松への加勢、大聖寺、丸岡、そのほかへも援軍を派遣します。（「京方」の陣容を記した）書き立てもできました。まもなく出陣しますので、今後のなりゆきについてご心配されないようお願いします。そのうえ、（あなたからの要請があれば）いつなりとも私がこちら（大坂）の対応を促していきますので、気遣いは無用です。なお、今日伏見城本丸に攻め込み、西ノ丸などを焼き、城から逃げ出す者たちを皆討ち取ったところです。天守も焼失しました。このように（伏見城攻略が）早く終了したもの、（徳川家康方の）天命逃れ難いこと（我々の勝利は疑いない）と確信しています。今後も小松周辺の状況をお知らせください。よろしくお願いします。

前田利長は前年（慶長四年）八月に加賀に帰国していたが、その冬、徳川家康に謀反の疑いをかけられ、最終的には慶長五年五月、母芳春院を人質として江戸に送ることで和議が成立していた。「京方」の動向をうけて越前進攻の挙に出たのは、家康と連携を体現した結果であった可能性が高い。

利長は八月一日に三堂山を発ち、木場潟付近で小松城の兵と小規模な合戦はあったものの小松城を攻撃することなく西進し、松山（加賀市）に至る。そして、翌二日、進路を塞ぐ大聖寺城の山口宗永に勧降の使者を送るが、宗永はこれを拒否。三日、利長は総攻めを敢行して大聖寺城を落城させる。

この間、宗永から一矩に援軍要請があったが、一矩は病気を理由に断り、何とか一日防戦が可能であれば夜襲をかける用意があると答えたところ、次いで落城の報に接して進軍を止めたとも伝えられる（『越登賀三州志・本紀』）。また、『慶長見聞書』は、以下のように語る。

越前北庄（現在の福井市）は青木紀伊守（一矩）が長く領知しており、五千余騎の兵で城を守っていたが、敦賀の大谷吉継に飛脚を送り、「肥前守（前田利長）が四万余騎で大聖寺城を攻めるとの情報がある。（大聖寺城の）兵はもとより少人数であるから、落城するだろう。そうなれば、（北庄）に攻め寄せてくるだろう。急いで出陣し（援軍を遣わし）てもらえないようであれば、北国の守備を放棄して上洛する」と告げ、次々に早馬を送り（救援を求めて）きた。このような臆病者に領知を預けては余計な世話がいると皆不満を漏らした。八月三日未明に吉継は敦賀を発ち、場並（南越前町鯖波）宿に着き、ここで府中城（「国府の城」、越前市）を大手・搦手に軍を分けて東西から囲む戦略を立てたところに、再び青木からの早馬が到着し、「今朝、大聖寺城攻撃が開始された。援軍を早く」との（使者の）口上が終わる前に、また使者が到着して、「大聖寺城はすでに落ち、利長は早くも金津（福井県あわら市）まで進軍し、民屋を放火している。今日中に北庄に吉継に来てもらえなければ城は維持できない」と告げた。

『慶長見聞書』は、関ヶ原合戦の半世紀ほど後の慶安四（一六五一）年、浅羽成儀の著である。潤色、曲筆の可能性は否定できないが、事実誤認は少なく、時系列も比較的正確に整えられている。大谷吉継が八月三日の未明に敦賀を発ち、鯖並（南越前町）を経て、府中城（「国府の城」）を囲む用意をしたという流れも、無理はない。

前段で紹介した今泉村（浦）あての吉継の禁制が八月二日付であることとも矛盾しない。禁制は本来、予測される軍事行動に対応するため事前に授与されていなければ、その機能を果たせない。今泉浦の住民は、おそらく敦賀に吉継、あるいは吉継軍の先発隊を訪ねて交渉し、禁制を授与されていたはずである。

三成の書状に戻ろう。充所（宛名）に「御報」と脇付があるのは、一般的な返書の書札礼である。青木から届けられた書状を読み、不安にかられる青木の心情に配慮した三成は、すぐにも援軍を送るので、心を強くして北庄城を守れと励ましている。そして、伏見城が陥落し、いよいよ味方の勝利は疑いないと述べ、青木の奮起に期待し、前田軍の侵攻には三成自身出陣する覚悟だと伝えている。

しかし、八月一日の時点で、前田利長が小松城を通過して大聖寺城を攻めることになることはわかっていない。したがって、三成も、まずは「小松表」の情勢に関心を集め、当面は前田軍による小松城攻略に備えることを第一義としていた様子がうかがえる。また、小松への加勢のほか、大聖寺、丸岡、その他、「京方」の城を支援する用意があると伝えているのも、小松城が籠城戦を仕掛け、一定期間前田軍をひき寄せている前提で考えないと、現実感に乏しい戦略にみえる。

もうひとつ。この三成書状では、大谷吉継の出陣について触れていない。文面にみえるように、三成は前日の七月三十日に大坂に到着し、翌八月一日、その日届いた青木の書状を読んだのである。しかも、伏見城落城の記事を含むから、吉継が大坂を発ってしばらく後、2の毛利輝元書状よりも遅い時刻に認められたことがわかる。ただ、そうであれば、その文面に吉継がまもなく援軍に駆けつけるという、青木にとってはこのうえない安心材料となる情報をなぜ盛り込んでいないのか、疑問におもえる。

三成が書き忘れたという、ありえそうもない理由を排除すれば、考え方はおそらく二つ。意図して書かなかったと考えるか、書く必要がなかったと考えるか、である。しかし、現実に吉継が大坂を発しているのに、意図して青木には伏せるという理由がみつからない。

吉継が最初の攻撃目標としたのは、さきに引用した『慶長見聞書』にあるように、府中城であったともわれる。府中城主は徳川家康に与した堀尾吉晴である。吉晴は隠居の身であったが、子息忠氏の領知する遠江国浜松に会津出陣の家康を迎え、みずから参陣を願ったが越前への帰国を求められ、その帰途、知立(池鯉鮒)で刃傷事件に巻き込まれて負傷し、岡崎城に留まっていた。したがって、府中城には留守部隊が籠城戦を挑む用意をしていたと考えられる。

（大谷吉継に従う）将兵たちは、もし府中城をそのままにして（北庄に）進めば、前後に敵をおくことになり困難が予測されるので、まずは府中城を攻め落とし、北庄へ向かうべきだと主張した。吉継は思案し、「北庄が落ちれば、小松の加賀（丹羽長重）、丸岡の青木（青山宗勝）も不安になるだろう。そのうえ、府中城を攻めれば味方も少なからず討ち取られる。大義の前にこれほどの小事に関わりあい、初日に兵を失うのは無益。良将は戦わずして勝つとはこのこと。たとえ一兵も失わずに（府中）城を落としたとしても、城の守りに二三百の兵は置かなければならない。（府中城に籠る）敵兵はよい留守居である。北国の敵（前田利長）を破れば、府中城もたやすく手に入る。ここに留まる必要はない」と言って、府中を発ち、その夜丑刻（午前二時頃）に北庄に到着した。

『慶長見聞書』の先の引用に続く部分では、青木からの急報を得た吉継が、府中城攻略と北庄城支援、それぞれの損益を計り、北庄城へ向かう決断をしたと語られている。府中城を残したまま北に進めば、前後に敵を受けることになるという異見を排し、北庄城が落ちれば小松城、丸岡城の志気も落ち、「京方」の劣勢が決定的になるという判断をしたというのである。

くりかえしになるが、前田利長が西進する先には小松城（丹羽長重）、大聖寺城（山口宗永）、丸岡城（青山宗勝）など「京方」の城があり、小松城攻防の長期戦予測のなかで、前田軍が北庄城の脅威となるまでにはなお時間的猶予があると、三成も吉継も考えていた可能性がある。そうでなければ、吉継が万全の態勢を整えて府中城を囲もうとしている様相、三成が「小松表」の情勢を気にしながらも援軍はこれから調整と述べる現実感の乏しさ、青木の危機意識との温度差は理解できない。

前田軍が小松城を素通りし、大聖寺城を落して西進を急いだことは、三成、吉継の想定とは異なる行動であったために、吉継は急遽方針を転換して北庄城支援に回らなければならなくなったというのが事実に近いようにもおもわれる。

しかし、前田利長の挙兵と西進については、「京方」も認知していた。前田利長が金沢を発ったのは二十六日。危急を告げ援軍をもとめる青木あるいは丹羽らの急報は、二十八日以前にも発せられ、輝元や増田長盛ら奉行衆に届いていたと考えるのが穏当である。三十日の夜、大坂城で三成が輝元と会した折には、伏見城陥落後の戦略、すなわち、家康本隊と前田軍をどう迎え撃ち、勝ち抜くか、議論されたことは疑いない。吉継があえてこの会合への参加を見送り、敦賀行きを急いだのであれば、前田軍迫るという青木の急報への対応がまず急がれた結果である。もちろん、三成の大坂着を待たずに実施されたことになる。

ここで問題なのは、三成不在のまま対応が検討され実施されたことではない。三成は何らかの連絡手段によって、佐和山で、あるいは佐和山から伏見に向かう途次で情報を得て、判断を伝えていたとおもわれる。問題なのは、青木にとっても朗報である吉継の出陣が書状に盛り込まれていないことである。意図して書かなかったのか、書く必要がなかったのか、そこに戻る。

鍵はおそらく「御書立」にある。この「御書立」こそ、石田三成が八月五日付で真田昌幸あてに認めた書状に添えられていた「備口人数注文」（表1・図7）にほかならないのではないか。「備口人数注文」は、もとより「京方」各武将に配布されたはずの陣立書である。その陣立が三十日に決定されたのであれば、その翌日の八月一日に認められた三成の書状に添えられ、青木に届くよう手配されたことは充分考えられる。

つまり、三成は吉継の出陣について書面で触れる必要がなかったのである。「備口人数注文」には青木の人数は六千人とある。『慶長見聞書』が載せる「五千余騎」にも近接するが、なにより「北国口」に配置される武将のなかでは群を抜いて多い。大将格の吉継は千二百、養子とされる木下山城守（頼継）の七百を加えても二千に満たない。青木の領知八万石（吉継は五万石）という。やや過分な人数にもみえる。北庄城が要の城であるという自覚が臆病風に吹かれる青木に芽生えたかどうか疑わしいが、三成としては全力での支援を約して奮起を促しているのである。

ちなみに、破竹の進撃を続けるかにみえた前田利長の軍勢は、越前国境を越えたところでにわかに反転して金沢に戻る。途中、小松城の丹羽長重の迎撃をうけ、からくもの帰還であった。その時、何があったのか、これらの経緯は次に紹介する。

4　黒田如水、中川秀成に上方の近況を伝え、連携を強める

舞台は再び九州に移る。黒田如水のその後の動きを如水の書状から確認していく。

> 尚々甲斐守分領之儀、少も御気遣被成間敷候、丈夫ニ致覚悟候、以上、
> 如貴札久敷不申承候、仍上辺之儀、不慮之仕合無是非候、如承候甲斐守致出陣候間、一入気遣可有御推量候、津国之儀候間、互ニ可申合候、其元之儀者、一揆多所候間、其御用心専一候、上方之様子去月廿五日ニ出候舟申候、何茂替儀者無御座候、

一、伏見之城者堅固ニ御座候、
一、丹後之儀、幽斎、越中殿居城堅固之由、申来候、丹波衆押ニ被居、但馬衆者江州へ被参候由候、
一、瀬田ニ中国衆城を拵申之由候、
一、伊勢・江州之堺目ニ城を拵、其大将ニ刑少被参之由候、右之様ニ城へ相拵候時者、内府之御」上国と見へ申候、
一、上方之様子追々可相聞へ候間可申入候、委細態藤介方迄申入候間、不具候、恐々謹言、

（慶長五年）
八月朔日
如水軒
円清（花押）

中修理様 参
貴報

（『中川家文書』）

【現代語訳】

（追伸）なおなお、甲斐守分領（豊後中津）のことについては、少しも御気遣いいただく必要はありません。（如水が）守りを固くする覚悟です。以上。

（中川秀成から）いただいたご書面（「貴札」）にもありましたが、久しく（互いに）音信がありませんでしたね。さて、「上辺之儀」（豊臣政権上層部の権力闘争、石田三成と徳川家康の対立）が想定を超えた事態に発展し、もはや引き返すことができないところまで来てしまったようです。ご書面の

通り、（子息）甲斐守（黒田長政）も出陣し、（私も）ひとしお懸念しておりますこと、お察し下さい。隣国（に居る者どうし）のことですので、お互いに連絡を密にしていきましょう。そちら（「其元」）は一揆のさかんなところですので、これへの御用心が最も重要（「専一」）となります。上方の様子については去月（七月）二十五日に（上方の湊を）出帆した舟から情報を得ました。大きな動きは無いようです。

一、伏見城は堅固に（西軍の攻撃に耐えて）います。

一、丹後では（細川）幽斎が越中殿（細川忠興）の居城（田辺城）を堅固に守りぬいているとの報を得ました。（包囲する）西軍のうち丹波衆はなお押さえに残っていますが、但馬衆は江州（近江）に移動したようです。

一、（近江）瀬田に中国衆が城を拵えているとのことです。

一、伊勢と江州の堺目に城を拵え、その大将に「刑少」（大谷吉継）がなるとのことです。この城が完成する時節に、内府（家康）が上国されると判断しています。

一、上方の様子について追々情報が得られるでしょうから、（その都度）伝えます。委細は藤介方に格別に申してあるので、この書面にすべて尽くすことはしません。よろしくお願いします。

黒田如水（官兵衛、孝高）は豊前中津にいた。中川秀成もまた豊後竹田（岡城）にいた。ともに九州にあって、上方の情勢を注視し気を配っていたのである。秀成は、山岡道阿弥、岡部（板部岡）江雪斎らを介して徳川家康の会津出陣に従軍を申し出たが、西国の情勢を危惧した家康から帰国を命じられたといわれる（『中川家譜』）。秀成は中川長祐・古田重利・萱野正利らの家臣を家康に帯同させ、みずからは七月二十日に帰国。これを豊後杵築の松井康之に報じている（七月廿四日付、中川秀成あて松井康之書状、『中川家文書』）。

黒田如水にも秀成から書状が届けられていたらしい。ここに掲げた如水の書状はこれに答える返書である。文頭に「貴札の如く」、脇付に「貴報」とある。

黒田如水はこのときすでに家督を子息長政に譲り、隠居の身である。しかし、長政は文面にもあるように、徳川家康に従って東国に「出陣」していた。この書状が書かれた八月一日の時点で、長政もすでに石田挙兵の報に接し、徳川方の先鋒軍として江戸にあった。如水自身も、豊後の旧主大友義統が石田と結んで復権の動きをみせていることに警戒しながら、松井康之や中川秀成と連携をとり、これに対抗しようとしていたのである。一般に「九州の関ヶ原」といわれこともあるが、九州でも石田・徳川の対立に連動・誘発された領主間紛争が慶長五年十一月まで続くことになる。「其元之儀者、一揆多所候間」とは、さしあたり大友とこれに与同する勢力の動向を意識してのアドバイスと読める。

さて、本文に続く条々は、七月二十五日に上方の湊を出た舟から得たとして、如水が秀成に伝えた情報である。ただ、これから述べるように、七月二十五日以降の「上方」の動きは反映されてはいない。いわゆる情報時差がある。如水は「上方」の政治的緊張が引き起こす予測困難な事態に対応すべく、さまざまなルートで情報収集していたと思われる。しかし、舟が出帆するときには最新であった情報も、急速な情勢の変化によって早々に陳腐化していく。

まず伏見城である。書状には「堅固」とあるが、この書状の日付と同じ八月一日に落城する。情報時差を指摘するには酷な時差であり、七月二十五日の段階では「堅固」であった可能性は高い。八月一日の時点で、如水が異なる経路から得た伏見城の直近情報（苦戦、落城必至など）に接する機会がなかったと断定はできないが、最新情報の提供が求められる場面である。情報共有なくして秀成との連携、信頼関係は構築できない。

丹後田辺城攻防戦は、七月十九日に開始されていた。古今伝授の存亡がかかるとして王家・公家らも開城を促す工作に加わったが、長岡（細川）幽斎はこれらを拒否しつつ籠城を続けた戦いとして著名である。八月一日段階でなお「堅固」であったことは疑いない。城を囲む西軍の主力は「丹波衆」（小野木公郷・織田信包ら）、「但馬衆」（小出吉政・杉原長房ら）である。このうち「但馬衆」が近江に転じたとあるが、これは次条の「中国衆」の動きと連動している。

瀬田に「中国衆」が城を拵えたとあるのは、毛利輝元の軍勢二万余が瀬田・守山間に陣取り、家康軍の進攻を阻む策を施したことをさす。宇喜多秀家、小早川秀秋の軍勢が醍醐・山科から大津に展開したのと連動した配備である。「但馬衆」が近江に転じたのはその配備に加わるためであると考えられる。なお、これら「京方」の動きは、七月二十六日付、中川秀成あての長束正家・増田長盛・徳善院（前田玄以）連署書状（『中川家文書』）から判明する。同書状には、秀成に軍勢を率いて上洛するよう促す文言もあり、「京方」も秀成に合力を呼び掛けていたことがわかる。

次に、伊勢と近江の国境地帯に「京方」が城を拵え、城主として大谷吉継が入るとある。前述の毛利、宇喜多、小早川らと連動した配備とすれば穏当といえる。しかし、現実には加賀の前田利長が越前に進軍し、吉継はこれに対応するため越前に出陣することになったことはすでに紹介したところである。情報時差のおかげで、かえって「史実」とはならなかった事象が捉えられることもあると考えるか、もとより如水が入手した情報に誤りがあったと考えるか、微妙なところである。ただ、大谷吉継が敦賀城主であり、「備口人数注文」に吉継が「北国口」の大将として記されることに引きずられることはない。前田利長の軍事行動が発生したことによって、「京方」の当初の配備計画を変更する必要が生じたと考えることもできるからである。

「備口人数注文」は、七月三十日夜、毛利輝元が石田三成と大坂城に会し、奉行衆とともに最終的に整えられたものであると考えられる。黒田如水が情報を得た舟が「上方」を出たのが七月二十五日。前田利長が金沢を発つのが二十六日であるから、前田軍の動向は舟の情報となりえない。むしろ、舟が携えた情報に、前田軍が動き出す以前の「京方」の動きが反映された可能性を考えるべきだろう。「京方」は伏見城攻撃の詰めを実施しながら、次の戦略、すなわち家康本隊を迎え撃つための配備を急いでおり、近江・伊勢国境への要害構築もそのなかにあったのではないか。瀬田・守山に毛利軍、醍醐・山科・大津に宇喜多・小早川を展開させる配備の、東海道筋の前面に大谷吉継が出るということであったのかもしれない。

ところが、「備口人数注文」では、毛利輝元・宇喜多秀家・小早川秀秋らは「伊勢口」に割り当てられている。吉継が配備されるはずであったところに彼らが置かれることになり、吉継は「北国口」（北陸道筋）、石田三成は「美濃口」（東山道筋）となる。瀬田・守山から醍醐・山科・大津の防衛線からは大きく東進していることも含め、伏見城落城と前田利長の進攻を前提に「京方」の戦略が立てなおされたのだと考えられる。

いずれにしても、大谷吉継が近江・伊勢国境に配備されることはなかった。如水書状の情報は、その限りで無用のものになったわけである。しかし、文字通り予断を許さない状況のなかで、それぞれに相手の出方をいち早く知り対策を立てる、相手の虚を突き先手をとる手立てを探る、など、情報をめぐる戦いの姿をここにみることができる。

情報戦といえば、大谷吉継は前田利長の進攻を諜報戦によって退けたと伝えられている。

史実としては、大聖寺城を落とした前田利長は越前国境を越えて金津（あわら市金津）に陣を据え、先鋒隊は九頭竜川を隔てて北庄城を望む長崎（坂井市丸岡町）に布陣するところまで進軍したところで急きょ反転して金沢を目指し、帰路、小松城の丹羽長重の軍に迎撃をうけ、兵を失うことになった（浅井畷合戦）。

突然の反転の理由について、江戸時代に編まれた軍記類がそろって述べるのは、大谷吉継が仕掛けた諜報戦の勝利というストーリーである。

此度北国筋大谷刑部請取、四万余ニ而取向候、壱万七千は北の庄口より推詰、三万ハ船手にて大廻を加州へ着岸し、金沢を可攻取催にて候間、不可有御油断候、恐々謹言、

八月三日

中川宗半

肥前守殿

『武辺咄聞書』(一六八〇年、国枝清軒著)が引く中川宗半書状である。中川宗半(道伴、宗伴とする書もある)とは、前田利家の娘(蕭)の婿中川光重のことで、豊臣秀吉・秀頼の御伽衆であったようだ。宗半は、加賀へ帰国の途中、大谷吉継の兵に捕えられ、吉継に強要されて書いたのが右の書状という。北国筋は大谷吉継が差配することになり、四万余の軍勢で進んでくるが、そのうち二万七千は(陸路)北庄に向かい、三万は船で遠路加賀に廻り金沢を攻める策である。油断なく対応されるよう、という内容である。宗半は能書家であり、利長は宗半の自筆であることに疑いを持つことなく信じ、兵を返したというのである。

加賀藩前田家の家臣藤田安勝が記した『微妙公御直言覚』にも、吉継に「たらされ」た「臆病者」の書状に動かされて撤兵したという微妙公(前田利長の弟利常、加賀藩二代藩主)の認識が示されている。光重の後裔が高禄をうけている加賀藩では、その名誉回復に努力したようであるが、すでに普及した武辺咄を覆すことは困難だったようである。

智将大谷吉継の名を広めることになった「吉継伝説」の一つである。ただ、前田利長の軍事行動は、手痛い敗戦と不名誉な武辺咄という代償のうえに、関ヶ原合戦での軍功を家康に認めさせ、加賀百万石の栄誉を得ることになったことも疑いない。

さて、如水書状に戻ろう。最後の一条は、秀成との今後の連携を約している部分である。ただ、秀成の去就はその後も明快ではなかった。大友義統と黒田如水らが戦った石垣原合戦(九月十三日)で家臣が大友方についたことなどもあり、如水も家康も秀成を疑ったようである。臼杵城主太田一吉との佐賀関合戦(十月二日)で、有力家臣を失うなど多大な犠牲をはらってようやく疑念を晴らしたという。秀成もまた大きな時代の変化のなかで道に迷ったひとりである。

前田利長もまた同じであったかもしれない。家康暗殺の嫌疑をかけられ、母芳春院を人質に取られた身である。何かしなければいけなかったのである。

5 黒田如水、吉川広家に人質を預かるよう依頼する

黒田如水は「京方」が大名妻子を「証人」として大坂城に集め、大名たちの心と体をコントロールしようとしたことに対して、切り返し策を施そうとしていたらしい。次の如水書状を読もう。

「(切封)

(黒田如水)
ジョスイ

(吉川広家)
ヒロイエ

参 人々御中 」

天下之儀、てるもと様御異見被成候様にと奉行衆被申、大坂城御うつりなされ候事、目出度存候、左候て、秀頼様へ別心存候者あ(る)ましく候条、やかて目出度しつまり可申候、左様候て、九州四国衆人しち、てるもと様御あつかり候やうに被仰上可然存候、九州にても鍋賀州、賀主、羽左近、毛壱、島津、此衆専存候、甲州人しちは、貴所様てるもと様より御あつかり候やうに御才覚給へく候、左候て、何様にも御馳走可申候、人しち奉行衆候へは、てるもと様御馳走不成事候条、其御分別専一

候、内府公上国ハ必定あるへきと存候、左様候時ハ又貴所様御きもいりニて、てるもとさま御事相済可申候、とかく此節御分別専用候、扨々不慮之事共、如何成行可申候や、其表様子具令仰聞、一人御下候へかしと存候、左候て、我等心中も貴所様へハ不残可申上候、巳上、

八月一日

(『吉川家文書』)

【現代語訳】

天下の儀は、(毛利)輝元様が(豊臣秀頼を補佐し)異見するようにと奉行衆から要請され大坂城に移られたこと、よかったと思います。その結果、秀頼様に反抗する者があらわれることはなくなり、世も静まることと思います。そのようなことですから、九州・四国の(諸大名の)人質については、輝元様にお預かりいただくようお願いするのがよろしいでしょう。九州でも、鍋島直茂(「鍋賀州」、鍋島加賀守)、加藤清正(「賀主」、加藤主計頭)、立花宗茂(「羽左近」、羽柴左近将監)、毛利吉成(勝信、「毛壱」、毛利壱岐守)、島津らはみなそれが最良と考えています。黒田長政(「甲州」、黒田甲斐守)の人質は、広家様が輝元様から預っていただけるようご手配願えませんか。そうなれば、どのようにも活動することができます。人質が奉行衆のもとにあれば、輝元様も活動に制約をうけることになりますので、そのあたりのご判断が最も重要です。内府公(徳川家康)は必ず上方に戻ってくると思います。その折は広家様の働きで輝元様の立場を確固たるものにしてください。とにかく今は確かな判断が必要です。さてさて、思いもかけない事態、これからどのようになっていくのでしょう

か。そちらの様子を詳しく知りたいので、（使者を）一人（こちらへ）下して頂きたいと思います。そのように（連絡を密に）すれば、自分（如水）の考えも広家様に率直にお伝えできると思います。

以上です。

くり返しになるが、毛利輝元が大坂城西の丸に入ったのは慶長五年七月十七日のことである。徳川家康の留守居を追い出し、秀頼を補佐する立場を家康から奪い取ったのである。大老衆のうち、この時大坂にいたのは輝元のほか宇喜多秀家のみである。上杉景勝は会津にあり、徳川家康は景勝討伐の陣中にあった。そして、前田利家の跡を継いだ前田利長は加賀にある。輝元と秀家の二大老、利長と同様家康暗殺計画に加わった嫌疑で甲斐に蟄居した浅野長吉（長政）を除く増田長盛・長束正家・前田玄以、そして強行復帰した石田三成の四奉行からなる豊臣政権のかたちが姿を現したとも評価される（二大老四奉行体制）。

七月十七日には、あと二つ重要な動きがあった。一つめは、増田長盛・長束正家・前田玄以連署で、豊臣秀吉死後の家康の行動を非難・弾劾する条々事書（「内府ちがいの条々」）がこの日の日付で作成され、諸大名に配布されたことである。大坂政変の大義を表明する意味をもつ。首謀者である三成は政治的に失脚した身であり、彼が復帰を強行するには相当の名目が必要だったのである。二つめは、家康に従って東国に下向している者たちをはじめ、豊臣大名たちの妻子が人質として大坂城に集められていたが、家康とともに東国にあった長岡（細川）忠興の妻ガラシャがこれを拒否して命を絶ったことである。すでに紹介したように関ヶ原合戦に至る政治情勢、とくに家康がより多くの豊臣恩顧の諸大名の支持を維持する要因となった可能性がある。

如水が石田三成、大谷吉継ら「京方」の計略を察知したのがいつのことであるのか正確にはわからない。『黒田家譜』によれば、七月十七日に大坂留守居の母里太兵衛、栗山四郎左衛門から「石田治部少輔乱」が伝えられたという。これは七月十七日大坂発の報と理解されるから、まずはこれが具体的な第一報であろう。そして、前段で取り上げた如水書状にある同二十五日に上方を出た舟がもたらした情報。これらが、八月一日時点で、如水が手にしていた最新情報と考えられる。

この書状で黒田如水は、毛利輝元が鍋島直茂（肥前）、加藤清正（肥後）、立花宗茂（筑後柳川）、毛利吉成（豊前小倉）ら「九州・四国衆」の人質を預かり、子息長政の人質については広家自身が預かることを提案し、これを広家の工夫で実現するよう依頼している。「京方」が輝元を大坂城に入れ、政権中枢に据えたのを逆手にとって、輝元をコントロールすることで石田三成ら奉行衆を抑え、如水が支持する家康に有利な情勢をつくろうとしていたのである。もちろん、九州にある如水自身にとっても鍋島、加藤、立花、毛利（森）、島津らの去就は気になるところで、彼らの人質が「京方」の手にあるというのは、「京方」と通じた大友義統と臨戦態勢をとる如水にとってきわめて具合が悪い。

如水の提案が実現した形跡はない。しかも八月一日の時点で、名前のみえる鍋島直茂、毛利吉成は九州にいたが、それぞれの子息鍋島勝茂と毛利吉政（勝永）は「京方」に与していたことはすでに紹介した。立花宗茂もたびたび引く「備口人数之覚」に「立花左近」としてみえる。この書状に名前のみえるなかでは、加藤清正だけが家康を支持し、九州に滞留していた。

ただ、関ヶ原合戦の帰趨に決定的な影響を及ぼしたのは毛利輝元と子息秀元、吉川広家、さらに小早川秀秋も含めた毛利一族の去就である。毛利輝元は大坂城を動かず、吉川広家と毛利秀元は関ヶ原を西に望む南宮山に布陣したが、兵を動かすことはなかった。家康は南宮山を背にして本陣を据える。そして小早川秀秋の寝返りによって大谷吉継軍が壊滅して一気に戦況が「京方」敗北に転じたことはいうまでもない。

吉川広家の父は毛利元就の次男で吉川家の家督を継いだ元春である。元春は天正十四（一五八六）年、豊臣秀吉の九州制圧戦争に従事し豊前小倉で病没。翌年には兄元長も日向で病死する。広家はその頃経言と名乗っていたが、大谷吉継の引き立てもあって戦功をあげ、吉川家の家督を相続し、輝元から広家（毛利家の始祖大江広元の一字拝領）の名をあたえられた。同十九年には出雲・伯耆・隠岐・安芸のうち十四万石となる。

大谷吉継が石田三成の居る佐和山城に招かれ、家康打倒の兵をあげることに同意したのは七月十一日のことと伝えられる。毛利家の外交僧安国寺恵瓊もまた佐和山に招かれ、謀議に参画し、その席にいた増田長盛が徳川家康にこの変事を報じるため、永井白元にあてて認めた書状の日付が七月十二日である（『板坂卜斎覚書』など）。

広家は家康の会津出陣に従うため七月五日に出雲を発ち、播磨明石まで進んだところで安国寺から大坂に来るよう依頼され、十三日に大坂に着く。そこで石田三成・大谷吉継・安国寺恵瓊の謀議の内容と安国寺が毛利輝元の指示で動いていると公言していることを知る。そして、大坂留守居の益田元祥、熊谷元直、宍戸元次らと協議の上、家康側近の榊原康政にあてて、輝元の関与を否定し善後を整える意思を伝える手紙を書く（七月十四日付、吉川広家書状、『吉川家文書』）。翌十五日には益田、熊谷、宍戸らと連署で、徳川方に通じたことは「殿様御為」、すなわち輝元のことを思っての行為で、一切の責任は広家ら四人にあり、毛利家中に責が及ぶことがないと誓詞を整えているから（吉川広家・宍戸元次・熊谷元直・益田元祥連署起請文、『益田家文書』）、広家としては「京方」に加わる意思は当面なかったと想像される。

ところが、十七日に輝元が大坂城に入ると広家の環境も大きく変わる。輝元が来てしまった以上、徳川方への内通はまずいと判断されたとも伝えられる（『吉川家譜』）。毛利秀元・吉川広家・益田元祥らは、輝元の指示のもと瀬田の警固に従事することになった（『益田家文書』）。このことは前段の黒田如水書状でも触れられていた。しかし、広家の心中には家康とつないだ糸を自ら断つ意思はなかったようである。

七月二十三日付で、広家は如水にあてた書状を書いている。書状そのものはのこっていないので内容を知ることはできないが、これに答えた如水の書状がのこる（八月二十日付、『吉川家文書』）。ここには、「去月廿三日御状、昨日拝見申候」とあるので、素直に読めば広家が書状を発してから如水が落手するまで一カ月近くかかったことになる。重要なのは、この八月一日付如水書状がその間に書かれていることである。文面を見る限り、返書であることを示す文言はないので、大坂の動静を知った如水が自発的に現況への対応を広家に示唆する目的で書いたことになる。「京方」に人質を取られている情勢では、家康が西上してきても、これに従う諸大名の去就に影響しかねないという判断が、その背景にあったことは疑いない。

一方、広家は如水の子息長政にも書状を届けていたようである。

> 従吉川殿之書状、具令披見候、御断之段、一々令得其意候、輝元如兄弟申合候間、不審存候処、無御存知儀共之由承、致満足候、此節候之間、能様被仰遣尤候、恐々謹言、

八月八日　　　　　　　　　家康（花押）
黒田甲斐守殿
（『吉川家文書』）

【現代語訳】
吉川殿（広家）の手紙を丁寧に読んだ。（広家がおかれている）事情についての説明は十分理解した。（家康と）輝元とは兄弟のように接してきたので、（今回の行動については）疑問に感じていたが、輝元は事情を理解しないままに巻き込まれたということ、納得した。このような情勢なので、（輝元、広家を味方にできるよう）善後の対応を示してやってほしい。よろしくお願いしたい。

黒田如水の子息長政にあてた家康の書状である（『吉川家文書』）。詳しくは第三章で述べるが、広家は長政に輝元の現況について弁明し、理解を求める書状を送っていた。これを長政は家康に届け、家康の判断を待ったようである。家康は右のように答え、広家の意を歓迎したのである。長政が広家に返書を認めたことはいうまでもない。そこで長政は、輝元の行動は安国寺恵瓊の計略に出たものと理解し、今後も広家が家康と輝元の仲介役となるよう頼んでいる（八月十七日付、黒田長政書状、『吉川家文書』後掲）。
長政が広家の書状を家康に届け、八日付の家康書状が書かれたと考えると、広家が長政あてに書状を送ったのは、八月一日以前と考えるのが穏当である。広家は如水あての書状を認めた七月二十三日の当日、あるいはその前後に長政あてにも書状を認めていた可能性が高い。前述のように、広家はその頃、瀬田の要害構築に従事している。「京方」の大将格となった輝元の本気度についてはひとまず置いて、最終的に、広家は心と体の分離状態、あるいは「京方」への面従腹背を関ヶ原合戦当日まで続けていくことになる。

そして、広家は関ヶ原合戦後、毛利輝元と広家自身が合戦に至る過程、および関ヶ原でとった行動について弁明する書状を、これでもかというほど認め、黒田長政らを通じて家康に届けている。長政もまた広家を擁護する立場で家康と交渉していたことが確認される（『吉川家文書』）。毛利一族と黒田との縁故は、豊臣秀吉がまだ織田信長の家臣羽柴秀吉として毛利一族と対峙していた頃（天正六年前後〜同十年）に始まる。要地播磨の国衆であった黒田職隆・孝高（如水）が織田に属し、秀吉が毛利と交渉する折には黒田孝高（如水）が重要な役割を担った。そうした歴史が前提になった行動と理解される。

さて、九州・四国衆の人質を毛利輝元が預かり、黒田長政の人質は吉川広家が預かるという如水の提案が実現した形跡はない。しかも、『黒田家譜』によれば、如水と長政の妻たちは、大坂留守居の母里・栗山らの才覚で大坂を脱出し、七月二十九日に海路豊前中津に到着していたという。これが事実であれば、如水は彼女たちの安堵の表情を傍らに、この書状を認めたことになる。もちろん、広家はこのことを知らない。

如水が自身の妻たちの無事帰還には触れず長政の妻ら（人質）を広家に任せたいと述べているのは、広家に全幅の信頼をおいているというメッセージであり、九州・四国衆の人質を輝元が預かるという提案は、広家が輝元と会談する機会を設ける理由を示唆し、広家を介した如水と輝元の意思疎通回路を拓くという意図があったということなのか。如水があえて広家に事実を隠しつつ広家を遠隔操作しようとしたのであれば、如水の本領といえるかもしれない。

もう一つ。如水・長政の妻が乗った舟に母里も同乗し、遅れて栗山も舟で中津に着いたという（『黒田家譜』）。彼らは当然大坂周辺の最新情報を携えていたはずである。七月二十九日に中津に着いたという情報を前提にすれば、前段の如水書状にみえる（七月）二十五日に上方を出た舟というのは、実に妻らと母里が乗った舟、あるいは栗山が乗った舟ということになるのかもしれない。その場合、中川秀成にも舟の素性は示していないことになる。

前掲、広家にあてた八月二十日付書状で如水は、「天下成行不及是非候、かやうあるへきと仰程候、分別仕候間、おとろき不申候」と書いている。八月一日の書状では、「扨々不慮之事共、如何成行可申候や」としながら、自分はすでにこうなることを予測していたので驚きはしなかったと言い切るあたり、これも如水の本領なのであろうか。結びもおもしろい。「日本何様替候共、貴殿我等は替申ましく候条、其御心得候へく候」とある。日本がどう変貌しようと二人の絆は揺るがない。今でもどこかで聞けそうな言葉であるが、如水は微笑みながらこれを書いたのか、それとも大友義統との決戦を見据えて必死の形相で書いたのか、見られるものなら見てみたい。

6　脇坂安治、山岡道阿弥を介し家康と音信を通じる

脇坂安治（一五五四―一六二六、中務少輔）は、近江国浅井郡脇坂の出身と伝えられる。はじめ浅井長政に仕えたが、浅井氏滅亡、織田信長斃死の後は羽柴秀吉に仕えた。秀吉が柴田勝家を破った賤ケ嶽合戦で一番槍の手柄をあげ、いわゆる賤ケ嶽七本槍の一人に数えられる栄誉を得て出世。天正十三（一五八

五）年に淡路国洲本城主となり、慶長五年のこの時点までその地位を維持していた。また、子息安元（一五八四―一六五三）は、慶長五年一月に従五位下淡路守に叙任されている。

脇坂安治は家康進発後やや遅れて子息安元を従軍させるため東国に向かわせたが、石田三成らの挙兵により路次が塞がれたため、やむを得ず安元を引き返させることにし、安治は近江を出て大坂で安元と合流したという（『寛永諸家系図伝』）。右の書状はこれら経緯を、山岡道阿弥を通じて家康に説明したのに応じて、家康が城昌茂に口上を託し安治に届けた書状がのこる。紹介しよう。

山岡道阿弥江之書状披見、懇意之趣祝着候、就上方忩劇、従路次被罷帰之由尤候、弥父子有相談、堅固之手置肝要候、追而令上洛条、於様子者、可心安候、猶城織部佑可申候条、令省略候、恐々謹言、

八月朔日　　　家康　御判

脇坂中務少輔殿

（『古文書集』）

【現代語訳】

山岡道阿弥まで届けられた書状を拝見しました。（家康に対する）丁重なるお心遣い、喜ばしく存じます。上方に騒動が起こったので、（会津に向かわせた子息安元が）途中から戻ることになったとのこと、やむを得ません。いよいよ父子ご相談あって、（事態への）堅実な対応をなされることが重要です。（家康も）これから上洛するつもりですので、（今後の）状況についてはご安心ください。な

お、（使者の）城織部佑（昌茂）に口上を託しましたので、詳しくは述べません。よろしくお願いします。

「上方忩劇」を、毛利輝元の大坂城入りや「内府ちがい条々」の配布、諸大名の人質拘束が実施された七月十七日を目処とすると、その後少日のうちに安治が書状を認めて道阿弥に届け、これを家康が披見して返書を書いたのが八月一日という時間的な流れに無理はない。家康が下野小山に着くのは七月二十四日。山岡道阿弥は家康に同行しているので、安治の書状は東国下向の途次か小山着後に道阿弥に届けられ、家康の披見に付されたのであろう。八月一日の時点で家康はなお小山に居た。江戸に発つのは四日のことである。

山岡道阿弥（景友、一五四〇―一六〇四）は、近江六角氏の重臣山岡氏の出身であるが、はじめ足利義昭に仕え、義昭没落後は佐久間信盛、ついで豊臣秀吉に仕えた。秀吉死後は家康に接近し、石田三成の計略を察知して度々家康を支え、関ヶ原合戦前後も近江・伊勢で軍功をあげ、家康から甲賀衆を任されたと伝えられる（『寛政重修諸家譜』）。

それでは脇坂安治は八月一日の時点で何処に居たか。そして、この家康書状をどこで受け取ったのだろうか。

北国肥前守（前田利長）はかねてから家康の味方であり、（中略）加賀金沢を発った。大坂からは、大谷刑部少輔が大将となり、北国へ発向した。大津宰相（京極高次）、朽木河内守（元綱）、脇坂中務

（安治）、子息淡路守（安元）、小川土佐守（祐忠）、子息左馬助（祐滋）、寺西下野守（是成）、戸田武蔵守（勝成）、子息内記、平塚因幡守（為広）、木下山城守（頼継）、赤座久兵衛（直保）、木下宮内

（利房）、奥山雅楽助（正之）、上田主水（重安）都合二万餘騎が大谷に従った。

『慶長見聞書』が語る、前田利長進攻に対応する大谷吉継軍の編制である。たびたび引く「備口人数注文」（59頁）でも、小川祐忠・祐滋父子、寺西是成、戸田勝成、木下頼継、木下利房、奥山正之、上田重安は「北国口」に配されている。しかし、脇坂安治は京極高次とともに「伊勢口」に配され、朽木元綱、平塚為広、赤座直保の名は「注文」にみえない。

「注文」は、八月五日付で真田昌幸にあてて認められた石田三成書状に添えられていたと推定されている。その理解を前提にすれば、五日の時点では「注文」にみえる諸将配置に変更はなかったと考えざるを得ない。

次に、京極高次は八月十日に近江堅田まで出陣している（『時慶記』）。前田利長は八月五日に反転し、十日に金沢に帰還しているから、高次の出陣は前田軍撤収後の行動とも考えられる。また、八月五日に石田三成が大坂から佐和山に戻る途中で大津城に高次を訪ねて合力を謝したとの伝がある（『寛政重修諸家譜』）。さらに高次が越前に在陣していたことは、高次が吉継指揮下から離脱して九月三日に大津城に戻り籠城の用意を固めたことを最上義光に報じた徳川家康書状に、「大津宰相、此間ハ越前在陣の処、日ごろ等閑なきゆえ、大津へ帰城、今月三日手合申され候、」とあることによっても確認できる（九月七日付、『新編会津風土記』所載・柳新三郎所蔵文書）。

図 8　脇坂安治の陣（菊池容斎筆「関ヶ原合戦図屏風」部分）
〔敦賀市立博物館提供〕

『慶長見聞書』はもとより後世の著作であるから、いわば最終的に吉継の指揮下に置かれることになった諸将をすべて書きあげていると判断される。すでに述べたように、吉継が大坂を発したのは七月三十日の夜と考えられるから、吉継がまず先行して敦賀で軍備を整え、「北国口」配置の諸将がこれにやや遅れて出陣し、「伊勢口」から転じた京極高次、脇坂安治らはさらに遅れて、おそらくは前田軍撤収後に「北国口」支援のため出陣したと考えてよいのではないだろうか。

そのように考えると、脇坂安治が八月一日付の家康書状を受け取ったのは大坂周辺であった可能性が高い。八月五日、「伊勢口」の長束正家が伊勢に出陣し、石田三成も佐和山へ移る（『義演准后日記』）。前田玄以は闘病中であり、四日に勅使勧修寺晴豊の慰問をうけている（『御湯殿の上日記』）。安治が家康の書状を手にする前後に、大坂で実働していたのは増田長盛のみということになる。

関ヶ原での敗北につながる「京方」の不備はこのよ

うなところにもあらわれているのかもしれない。「備口人数注文」のような軍制計画は存在しても、そこに命をあたえる指導者がいない。位置エネルギーを運動エネルギーに変え、さらには個々の運動エネルギーを同じベクトルに乗せるプロデューサーがいなかったというのが、しばしば指摘される「京方」の敗因である。

関ヶ原合戦の当日、小早川秀秋の寝返りに応じて、脇坂安治、小川祐忠、赤座直保、朽木元綱らも大谷吉継の陣に襲い掛かり、これを壊滅に追い込んだと伝えられる。京極高次が離脱し、毛利元康、立花宗茂らの軍勢を大津城に引きつけて関ヶ原に向かわせなかったこともよく知られている。結局、大谷吉継が北国に率いていった武将たちの過半が離反し、合戦の帰趨を決めたことになる。吉継にとっては不名誉な事実であり、戦場での死を選ぶ理由として充分すぎるようにも感じられる。

吉継は脇坂らの心を読めなかったのであろうか。『慶長軍記』（寛文八（一六六八）年、植木悦著）に興味深い記事がある。関ヶ原合戦の前日となる九月十四日に家康が美濃岡山に着き、諸将を集めて軍議を催した折に、家康は黒田長政が小早川秀秋を味方に引き入れたことを褒め、次いで脇坂安治の「旧友」である藤堂高虎を通じて安治を説得し味方に引き入れたと記す。そして、次に「或書」にいうとして、安治を大谷吉継の陣に行かせ吉継を味方に引き入れようとしたとも記している。

脇坂は大谷（の陣）に参り、「我方にも、大谷方にも、（家康方に寝返るよう）誘引してきているが、どう思うか」と（脇坂の真意を隠して）何気なく尋ねると、大谷は脇坂がすでに裏切りを決めたと感じ取ったが、（これを悟られないように）顔色も変えずに言う。「家康公の言葉の通り、年来青眼に預ってきた（家康から信頼を得て懇意にしてきた）私であるから、お味方に参上しなければならないのであるが、石田三成と一度約束しておきながら、此処に至って家康の誘いに従っては、裏切者の悪名を世に広め、侍の風上にもおけないとの評価を得てしまい、生き残ったところで意味はない。しかし、（家康が）私を役に立つ者と思われ（このような誘いをうけ）たことは、死んでも忘れることのできない恩情である」と。固い決意を含んだ返答である。こうして、小早川秀秋は黒田（長政）を頼り、脇坂・朽木・小河は藤堂（高虎）を頼って、寝返ったということである。

安治は自分自身がすでに態度を決めているとは言わず、家康から安治、吉継を味方に迎えたいと伝えてきていることを述べ、吉継の返答を待った。吉継は安治の底意を悟り、家康とは年来親しく接してもらったが、三成と約束した以上、これを破って生きながらえては武士の名誉に恥じることになると拒否し、家康に謝意を伝えたという。結果、小早川は黒田を頼り、脇坂、朽木、小川は藤堂を頼って「反忠」したというのである。

潔い吉継の人柄を語るときには欠かせない資料であるが、脇坂の「反忠」が合戦前日のことであり、「反忠」を決意したばかりの脇坂が大谷の陣に赴いて説得を試みるというストーリーにはやや無理がある。

ちなみに、『慶長軍記』にわずかに先行して著された『家忠日記増補』（寛文三（一六六三）年、松平忠冬著）は、吉継は小早川秀秋が家康に通じていることを察知していたが、脇坂らの「逆意」を知らず、小早川に備えさせたと語っている。また、『落穂集』（享保十二（一七二七）年、大道寺友山著）では、裏切りを疑った吉継は戸田勝成・平塚為広を秀秋の陣に遣わして様子を探らせようとしたが、秀秋は病気を理由に会わなかった。そこで吉継は脇坂らに秀秋への警戒を怠らないよう申し伝えたが、すでに「内通」を決めていた脇坂は「さあらぬ躰」で了解を伝えたと記している。

関ヶ原合戦とその前後の武将たちの動きについては、これら軍記、伝記類の叙述が最も詳しく、古文書などのいわゆる一次史料に乏しい。脇坂安治の「内通」についても、安治が山岡道阿弥に届けた書状の内容が判明すれば、安治がどこまで積極的に家康に接近しようとしていたのかがわかる可能性が高い。しかし、無い。冒頭に掲げた家康書状を読む限りでは、「内通」の実否は読みとれない。もし吉継がこの書状を奪いみる機会があったとしても、その文言を根拠に「内通」を認知し安治を追及することは困難であったろう。

しかし、この書状が徳川家への忠節を証明し、脇坂家に大名への道を拓いたことは疑いない。江戸幕府が編纂した最初の大名・旗本らの系図集である『寛永諸家系図伝』にこの書状が載せられ、「かねてよりの御内意なれば御味方」となり、「是よりはしめ（初）て大権現（家康）の幕下に属したてまつる」と記されている。

『寛永諸家系図伝』は、諸家から提出された系図・伝記にあまり手を入れずに作成されたといわれる。脇坂安治の手元には、石田三成や大谷吉継、あるいは毛利輝元から届けられた書状も少なからずあったに違いない。しかし、これらは無用、後難を招くからという理由で廃棄され、おそらくは唯一手元にあった家康の書状がのこされ、幕府に上程されたのである。

新しい時代を生きていくために過去が清算され、そのなかで多くの書状が失われた。今のこっていれば一級史料である。

7　毛利輝元・宇喜多秀家、薩摩の島津忠恒に出陣を促す

関ヶ原合戦の終幕を飾る島津義弘の撤退戦。しかし、もとより義弘は兵力不足を嘆き続け、関ヶ原でも軍事行動をほとんど取らず、「京方」の敗北によって決死の撤退戦を挑む以外に途はなかったのである。そのあたりの事情を次の書状を手がかりに探っていこう。

一筆令啓候、於天下之儀者、従古暦被仰入候条、不能申候、於于今ハ、御人数国中無残被召連急度御上洛肝要候、玉薬・御兵粮等之儀者、従　公儀被仰付之条、御人数有次第御馳走此時候、猶期面上候、恐々謹言、

八月朔日

備前中納言
秀家（花押）

安芸中納言
輝元（花押）

嶋津少将（忠恒）殿
御宿所

（『島津家文書』）

【現代語訳】

一筆差し上げます。天下の情勢については栗屋元重（古暦）より伝えられていると思いますのでここ

では省きます。今こそ国中の兵力を結集して急ぎ上洛することが重要です。弾薬や兵糧についてはわれわれ「公儀」が準備しますので、人数が整い次第にお働きいただくのは今この時です。お会いできることを楽しみにしております。よろしくお願いします。

薩摩の島津忠恒に軍勢を率いて上洛することを促す内容である。忠恒は島津義弘の子で、伯父で舅でもある義久の後継となり、この時点では島津家当主である。

慶長四（一五九九）年三月、忠恒は重臣伊集院忠棟を伏見の島津邸で殺害。子息忠真は領知する日向国庄内（都城）で籠城、抗戦の姿勢をみせたため、忠恒は帰国してこれを攻撃。島津領内は内戦状態に陥るが、翌五年三月の忠真降伏で終息した（庄内の乱）。忠恒はその後も薩摩に留まっていた。

忠恒の父義弘は朝鮮出兵から帰国した後、薩摩に帰る機会がなかった。石田三成・大谷吉継らの挙兵に際して、当初石田の誘いを拒否したものの、伏見城守備のため入城しようとしたのを徳川家康の留守居鳥居元忠に拒まれ、最終的に伏見城攻撃に加わることになる。

国元にあてた七月十三日付と推定される義弘の書状には、家康から伏見の「御番」にあたるよう命じられたので、家康が伏見を発つときに然るべき人を指名してくれればその人のもとで「御番」にあたるつもりであることを書状に認め届けたけれども、返事をもらえないままに家康は東国へ発ってしまったので、出陣の準備や大坂への移動で皆いなくなり、伏見は「誰人も無御座、我等式一人罷居躰」となってしまったとある。家康との意思疎通が図れなかったことが、おそらく鳥居の疑念と入城拒絶を招いたのであろう。

しかし、義弘はこうした事態にも国元から兵員の補給を得られずにいた。国元の兄義久、子息忠恒に再三手勢不足を嘆き、兵を送るよう要請していたことが知られる。

七月二十四日付の義弘書状には、「人数」（兵員）を差し上げるよう数度に及び要請しているのに実行されていない。「手前無人」にては、思うような活躍ができずに無念の思いを募らせているのに、等閑に過ぎると国元の対応を非難している（『島津家文書』）。しかし、その後も薩摩から兵が送られることはなかった。

七月二十八日夜、義弘は大谷吉継を伏見の自邸に招き、懇談の機会を持った。伏見城はなお抵抗を続けていた。鉄砲・弓衆を増強して最後の戦闘が開始されるのは三十日のことである（七月三十日付、真田昌幸・信繁あて大谷吉継書状、『真田家文書』）。話題は伏見城攻略後の戦略にも及んだことであろうが、義弘の懸案はなにより兵力不足である。

懇談はおそらく深更に及び、大酒が振る舞われたようだ。吉継は翌朝訪れた義弘からの使者に「沈酔」ゆえにまともに対応できず、これを詫びる書状を使者に託している。

態令啓達候、昨晩者被召寄、種々御懇之儀共誠此中候、散窮屈忝奉存候、以外大御酒を被下、于今ふせり在之事候、今朝者早々預御使者、過分至極ニ存候、自是も早速可申上処、沈酔故御報迄ニ罷成恐入候、先為御禮企一札候、尚追々可得御意候、恐惶謹言、

七月廿九日　　白頭（黒印）

（充所欠）

大刑少
白頭
「（切封）羽兵入様
人々御中」

（『島津家文書』）

【現代語訳】

書状を差し上げます。昨晩はお招きをいただき、心のこもったおもてなしをいただきました。（おかげさまで）気晴らしができました。ありがとうございます。過分の大酒をいただき、今も寝込んでおります。今朝も早々にご使者をお遣わしいただき、まことにありがとうございます。早速にもお答えしなければならないのですが、沈酔いしてしまい、とり急ぎ、（昨日の）お礼状のみお届けいたします。追々また書状をお届けします。

「白頭」署名により慶長五年の書状と確定できる（外岡『大谷吉継』戎光祥出版、二〇一六年）。ここで吉継は、昨夜の義弘邸で得た懇意に感謝し、「窮屈」を散じたといっている。義弘と腹蔵なく話ができたのであろう。ただ、いささか飲み過ぎたようで、朝になっても寝床から起き上がれないほど「沈酔」してしまい、礼を述べるのが精一杯で、使者の用件には後刻答えるつもりだとも述べている。

義弘からの使者の趣は何であったのか想像してみたい。前夜の懇談で義弘から吉継に質疑、ないし依頼があって、その回答を求める使者である可能性は高い。伏見城陥落後の戦略に関わることであれば、前田

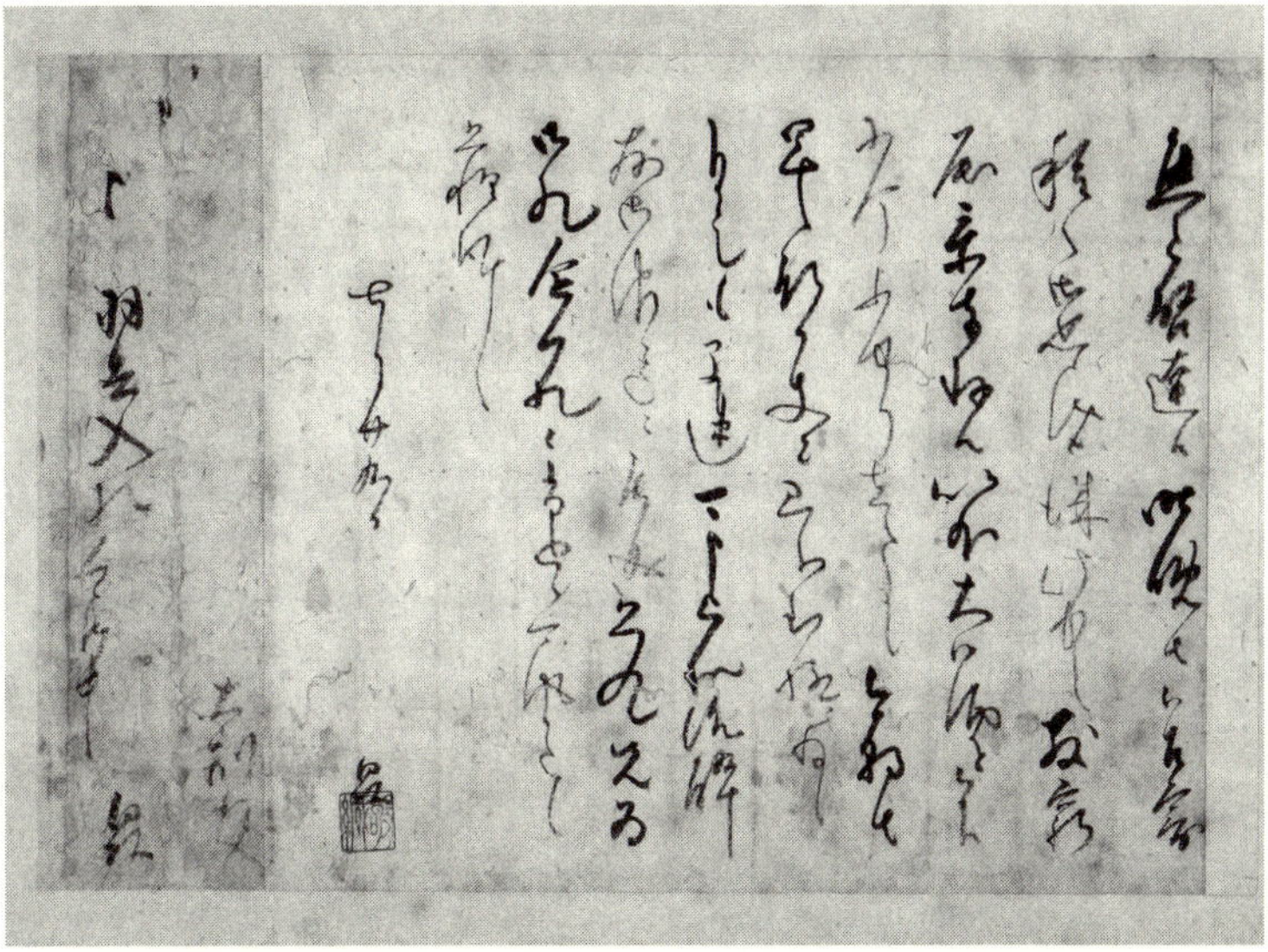

図9　大谷吉継書状（『島津家文書』）〔東京大学史料編纂所提供〕

利長の越前進攻、家康とともに東国に下った諸将の帰還など新たな事態への対応について問われることがあったと考えられる。また、度重なる要請にもかかわらず国元からの支援が得られないでいることを嘆く言葉があったと考えられる。しかし、吉継が即答し、義弘の安堵を得られる事案ではない。石田三成が伏見に来るのはこの日、二十九日のことである。「沈酔」を理由に、吉継が回答を先延ばしにする意図のもと、この書状が書かれたと考えることもできる（外岡「二日酔いの大谷吉継」前掲）。

二十九日に伏見に着いた三成は、おそらく吉継と会い善後を策した。そして、翌三十日に大坂城で毛利輝元、増田長盛ら奉行衆と次善の対応を決め、その策の一つが「備口人数注文」であると考えられることは先に述べた。

そして、この毛利輝元・宇喜多秀家連署の書状である。義弘からの再三の要請に応えない島津忠恒にあてて出陣を促す書状が、彼らの連署で発せられたことは重要である。吉継だけの働きではなかったことはいうまでもないが、「沈酔」ゆえに回答を先延ばしにしたのが事実であれば、ここにようやく答えの一つが示されたことになる。

ところで輝元・秀家連署書状には重要な文言がある。「公儀」である。「玉薬・御兵粮等之儀者、従　公儀被仰付之条」とある。二日酔いの大谷吉継から離れて、豊臣政権の内部に分け入ってみる。

豊臣秀吉死後、その遺言を遵守するという盟約のなかで生まれた大名衆・奉行衆による集団指導制を「五大老五奉行制」と呼ぶことがある。すなわち、徳川家康（内大臣）・前田利家（前権大納言）・毛利輝元（前権中納言）・上杉景勝（前権中納言）・宇喜多秀家（前権中納言）を五大老、石田三成・増田長盛・長束正家・浅野長吉（長政）・前田玄以（徳善院）を五奉行とする。もとより近代の命名であり、秀吉生前にも秀吉の意思が大名衆連署形式の文書で示される事例があることや、「老衆」「奉行衆」など史料文言の不定性も手伝って、研究者によりその評価・解釈に異同がある。

ただ、秀吉の死後、しばらくの間は彼ら一〇名の協議・合意を前提に、いま掲げた五人の大老衆ないし五人の奉行衆（あるいは大老衆・奉行衆とも）の連署により豊臣政権（「公儀」）の意思が示される文書様式が採用されていることは疑いない。しかし、このかたちはその後の政変により変動していく。

慶長四年閏三月、前田利家が没する。そしてその直後、福島正則・加藤清正ら七将による石田三成襲撃事件が起こり、三成は失脚し奉行衆から除かれる。今その経緯について詳細を述べることはないが、その結果、利家の子息利長が大名衆連署に加わり「五大老」は維持されたと考えられるが、「五奉行」は「四奉行」となる。ちなみに、「五大老」連署に利家が署名している事例は同年二月十日付が最後、利長連署の事例は利家が没する閏三月三日付が最初である（『毛利家文書』）。ただいずれも案文（写）で花押は確認できない。

同年八月、上杉景勝が会津へ、前田利長が加賀へ帰る。それぞれ事情は異なり、権力闘争の影をみることもできるが、ここでは詮索しない。八月二十日付の「五大老」連署状（島津忠恒あて）には、「五大老」の名は記されるが、景勝と利長の花押がない（家康・輝元・秀家の花押のみ）。景勝と利長の不在により事実上「三大老」体制となっていることが確認できる。

同年冬、今度は前田利長・浅野長吉らの共謀による家康暗殺の計画が露見したとして、利長は加賀に滞留のまま、長吉は甲斐に引退の身となる。奉行衆一名が減員となり、「三大老三奉行」に変転する。「三大老」連署は、慶長四年十月一日付で堀尾吉晴に越前府中城留守居を命じる文書（写）が今のところ初見で（内閣文庫所蔵『古文書集』）、慶長五年卯月十日付連署状（案文、『毛利家文書』）が最終である。

そして慶長五年七月、家康が上杉征討の兵を東国に進めた間隙をとらえ、石田三成・大谷吉継らが挙兵し、家康の抜けた「二大老」が連署する書状が、みずからを「公儀」と称したのである。この毛利輝元・宇喜多秀家の「二大老」に、増田長盛・長束正家・前田玄以の「三奉行」に強行復帰した石田三成を加えた「四奉行」による新しい豊臣政権のかたちを「二大老・四奉行制」とし、関ヶ原合戦の意義づけを考える見解もある（布谷陽子「関ヶ原合戦と二大老・四奉行」『史叢』七七、白峰旬「豊臣公儀としての石田・毛利連合政権」『史学論叢』四六）。

こうして危ういパワーバランスの上に成立した「五大老・五奉行制」は、豊臣政権内部の権力闘争を基軸としながら変転し、関ヶ原合戦の直前には「二大老・四奉行制」に落ち着くことになったのである。

関ヶ原合戦はここに始まる。

さて、「二大老」連署の出陣要請に島津忠恒は応えたのであろうか。否である。島津義弘の不満が収まらなかったことはいうまでもない。八月十六日付の義弘書状に、「我等事、昨日十五日に佐保山迄相越申候、明日者美濃之内たるいと申所へ陳（陣）替仕候、それよりさきの陣所ハ、未相知候、誠無人衆にて候間、外聞実儀めいわく千萬候」とある。また、八月二十日付の書状には、「秀頼様御奉公と申、御家御為と申、拙者儀一命を捨可申事、覚悟之前候、然間不顧恥辱御奉行中任御下知、濃州垂井と申在所迄出陳（陣）仕候」とある（『島津家文書』）。

義弘の動きがわかる貴重な情報を含むが、手勢不足で思うような軍事行動ができないでいることへの不満が溢れる書状である。約六二万石の領知にもかかわらず、「無人衆」ゆえに発言にも行動にも遠慮を余儀なくされ、島津のプライドが傷つけられる無念（「外聞実儀めいわく千萬」）を胸に、秀頼への奉公、島津家のためを思い、「恥辱」を顧みず、奉行衆の指示通りに動かなければならない義弘の苦渋が披歴される。

薩摩からの支援が送られなかった理由としては、庄内の乱の影響、国元の義久・忠恒がむしろ家康と親和的であったことなどが従来説明されてきている。これらに付け加える説明を持ち合わせないが、薩摩と大坂、あるいは美濃の距離も影響したことは想像できる。あて名を欠くが、八月十五日付で毛利輝元が島津忠恒に送った書状は、七月二十九日付忠恒書状に答え、「此表」の状況を伝える内容である。通信に半月近くを要したとすれば、書状に記された現況も、読まれる頃には過去の出来事となる。その結果を知らずに動くことへの警戒感が判断を躊躇させたとしても無理はない。

八月二十日付の義弘書状が届き、島津全軍が関ヶ原に向かっても、九月十五日に間に合わなかった可能性が高いのである。

8　「北国口」に木下利房・勝俊の軍勢が加えられる

前田利長の越前侵攻をうけて「京方」の軍事計画が変更され、これが「備口人数注文」として「京方」諸将に配布されたと考えられることはすでに述べた。木下利房、勝俊は「北国口」にその名があるから、次の書状は、出撃命令と読める。他の事例を確認できないが、「備口人数注文」に即して、個々の武将に同様の書状が発給されていた可能性がある。大坂政変以降確認される二大老・四奉行連署の様式である。

態申入候、羽肥州小松表少々罷出、人質等之儀申懸候由、驚而儀有之間敷候得共、北庄為加勢、其方幷若狭少将殿被差遣候、被相談可有御越候、此時ニ候間御忠節肝要候、然者御身上之事、御外聞可然候之様ニ可申談候条、御粉骨専一候、恐々謹言、

八月朔日

長束大蔵大輔
正家
増田右衛門尉
長盛
石田治部少輔
三成

徳善院
玄以
輝元
秀家

木下宮内少輔殿

猶以、明日、明後日、御用意候而、来五日ニ可有御越候、不可有御油断候、以上、

（『武家事紀』）

【現代語訳】

格別に申入れます。前田利長（「羽肥州」）が小松表に軍を進め、（占領地）に人質を要求しているようです。（予想されたことで）驚くほどのことではありませんが、北庄城への援軍に、あなた（「宮内少輔」、木下利房）と木下勝俊（「若狭少将」）を（秀頼の指示で）派遣します。よく相談されて出陣してください。このような折ですので、（秀頼への）忠節を大切に考えてください。そうすれば、（お二人の）ご処遇についてもしかるべく検討します。ご尽力ください。よろしくお願いします。

（追伸）なお、明日、明後日を準備に充て、五日には出陣されるように。遅滞なくお願いします。

木下利房と勝俊の父親は木下家定。豊臣秀吉正室（高台院）の兄である。したがって利房・勝俊は高台院の甥にあたる。利房は勝俊の異母弟。利房の同母弟に延俊、小早川秀秋（木下秀俊）がある。文禄三

（一五九四）年に、勝俊は若狭小浜、利房は若狭高浜に領知を与えられ豊臣大名となっていた。

ところで、木下勝俊は、徳川家康が上杉討伐を名目に関東へ出陣する折、伏見城に置いた武将のひとりとなっている。勝俊の娘が家康の子息信吉に嫁いでいた関係もあるという。ちなみに信吉の母親は、甲斐武田家臣穴山信君の養女として家康の側室となった下山殿（妙真院）で、信吉は武田の名跡を継ぎ武田信吉と名乗ったことのある人物である。

家康は伏見城松ノ丸に勝俊を据え、本丸を守る鳥居元忠らの援兵となることを期待したようだ。ところが、いよいよ石田三成らが挙兵し伏見城攻撃が現実のものとなると、鳥居ら家康直臣の疑心をかい、勝俊は高台院を守護すると告げて手勢とともに城を脱出したと伝えられる（『板坂卜斎覚書』、『寛政重修書家譜』）。鳥居ら家康の直臣が勝俊に疑心を抱くのも無理はなかった。伏見城攻撃軍には勝俊の異母弟の小早川秀秋が加わっていたからである。

一方、秀秋と勝俊の異母弟延俊は絶縁状態にあったと伝えられる。家康が関東に出陣した後に上方で乱あることを案じた秀秋が、大坂から兄延俊の姫路城に移ることを提案。家老稲葉正成を使者として山岡道阿弥を通じ家康の許可は得たが、肝心な延俊が首肯せず、その結果秀秋と延俊の関係は疎遠になったという（『寛永諸家系図伝』稲葉正成の項）。

姫路城はもとより勝俊、延俊、秀秋らの父家定の城であるが、すでに勝俊、利房、秀秋ともに自立した豊臣大名であったから、家定不在の折の城代が延俊であったということである。延俊はまた、長岡（細川）幽斎の娘（加賀）を妻としており、長岡忠興が豊後に音信を通じる折には姫路から舟を利用していた（第一章4参照）。忠興から豊後杵築の松井康之らに伝える情報は、木下延俊にも共有されていたと考えることができる。そうした状況を前提に、関ヶ原合戦前後の延俊の動きを理解する必要がある。

秀秋も定まらない思いを抱えての攻撃参加であったことは疑いない。家康によしみを通じ、伏見城守備に就くことを申入れたものの鳥居らに拒絶されたとの逸話も残る（『譜牒餘録』、鳥居家）。しかし、結局は伏見城攻撃軍の大将格となり、「筑前中納言手柄」（『時慶記』、前掲）と評されることになる。

さて、勝俊である。勝俊は高台院のもとに身を寄せたのか。そして、北国への出撃命令に従うことになったのか。

高台院は慶長四年九月、徳川家康が大坂城に入るのと入れ替わるように城を出て、「京都新城」（「太閤屋形」、のち「秀頼卿御城」とも）と呼ばれる邸宅を居所とした。禁裏南東に広大なエリアを有する。関ヶ原合戦前後の高台院の動向としては、慶長五年八月二十九日と九月十三日に「京都新城」の塀・石垣が取り除かれて要害ではなくなること（『時慶記』『義演准后日記』『言経卿記』）、九月九日に豊国社に参拝したこと（『舜旧記』）、九月十七日夜に「京都新城」を出て、翌十八日には勧修寺晴子（後陽成天皇生母）邸に入ったことなどが知られる。高台院移転の理由については、「北のまんところしろ（政所城）へひ（火）をかけ候はん」との懸念（『御湯殿上日記』）、勝俊が木下家定邸に籠居しているので「関東方」の捜索の手が及べば高台院にも迷惑との判断があったという。ただ、勝俊は若狭へ逃亡しており、高台院周辺は平静を維持したようだ（『時慶記』）。

勝俊が若狭へ逃亡したというのはおそらく事実であろう。勝俊の領知は若狭であるから、出陣準備を理由に若狭へ下ることはできたはずである。そして、結局若狭にとどまったまま出陣することがなく、これが逃亡と認定された可能性もある。ただその場合、高台院守護の役割は果たせない。

一方、『慶長見聞書』など、大谷吉継に率いられて北国に出陣した武将の名を記す軍記類にも勝俊の名はない（後掲）。勝俊は関ヶ原合戦後、家康に領知を没収されることになるが、その理由は伏見城からの脱出が敵前逃亡と判断されたからだと伝えられている（『寛政重修諸家譜』など）。勝俊が北国に出陣し、あるいは手勢を遣わしていれば、このことが責められ、領知没収の理由とされたはずである。つまるところ、勝俊は八月一日付で発せられた出撃命令には従わなかったのである。

なお、木下家定は高台院が「京都新城」から移動するのを警護するため、九月十七日に大坂から手勢を連れ出動してきたという（『言経卿記』）。家定は伏見城攻撃軍には加わっていないから、家定が九月十五日の関ヶ原合戦前後に大坂にいたのであれば、伏見城を抜け出した勝俊が高台院守護を名目に家定邸に滞在していた可能性も充分ある。ところが、関ヶ原での「京方」敗戦の報が届くと、高台院自身が夜陰にまぎれ「カチハタシ（徒歩裸足）」（『言経卿記』）で禁中に移ることになる。勝俊の若狭逃亡もまた、同じ夜のことであったのではないだろうか。

そしてよく知られているのは、関ヶ原合戦からしばらく後に、父家定の遺領をめぐる相論で再び居場所を失った勝俊が、東山山麓に隠棲して長嘯子、挙白などと称して風雅の道に進んだことである。

よしあしを　人の心にまかせつつ　そらうそぶきて　わたるよのなか

長嘯子が隠棲を始めたころの歌という。世評をよそに自分の生き方を貫徹する意思表明とも読める。高台院の甥というステイタスによって、勝俊ははからずも貴人の扱いを受け、秀吉創案の豊臣文化サロンのなかでみずからの才能を見いだし、磨くことになった。ところが、秀吉が亡くなり環境は一変。秀吉が贅を尽くした伏見城が戦火にさらされることが確実になった。失意というより絶望に近い想いを抱えての伏見退城であった可能性にも配慮すべきかもしれない。

次に、木下利房である。本章6でも紹介したが、『慶長見聞書』によると、大谷吉継とともに、あるいはこれを追って北国に向かったのは、「大津宰相（京極高次）、朽木河内守（元綱）、脇坂中務（安治）・子息淡路守（安元）、小川土佐守（祐忠）・子息左馬助（祐滋）、寺西下野守（是成）、戸田武蔵守（勝政）・子息内記、平塚因幡守（為広）、木下山城守（頼継）、赤座久兵衛（直保）、木下宮内少輔（利房）、奥山雅楽助（正之）、上田主水（重安）都合二万余騎」という。

ところが、岐阜城陥落の報に接した吉継が北国を撤収し関ヶ原に向かう折の様子を記す同書のくだりに利房の名はない。吉継とともに関ヶ原に向かったのは「（吉継）子息大学助吉勝、二男木下山城守頼継、脇坂中務・子息淡路守、小川土佐守・同左馬助、戸田武蔵守・子息内記、朽木河内守、赤座を先として都合壱万五千余騎」とある。ここに名がある武将はすべて関ヶ原合戦に臨んでいる。しかし、木下利房のほか、寺西是成、奥山正之、上田重安の名もみえない。手勢も往路の「二万余騎」から「壱万五千余騎」に減少している。あくまで参考数字にすぎないが、その差数は「備口人数注文」に記される木下利房（三千）、寺西（五百）、奥山（五百）、上田（三百）の総計にほぼ相当する。

このうち、寺西是成は丹羽長重が守る加賀小松城に入ったという。是成は長重の父長秀に仕えた経歴を持つ。奥山正之、上田重安、そして関ヶ原へ向かった戸田勝成もまた丹羽長秀に仕え、長秀の死後に秀吉の直臣となった武将である。若狭・越前と加賀二郡を領した長秀は越前府中城を居城とし、奥山、上田、戸田、赤座は越前国内に領知も得ていた。「北国口」で実働した武将たちの多くが越前にゆかりを持っていたことは興味深い。利房も若狭で生まれたと伝えられ（『寛政重修諸家譜』）、高浜城主である。こうした事情を勘案すると、利房は奥山正之、上田重安らとともに前田利長への備えとして北国に残った可能性がある。

関ヶ原合戦後、利房は家康に死罪を申し付けられたが、高台院の助命願いが受け入れられて父家定の庇護下におかれた。実戦こそ伴わなかったものの、加賀での軍事行動が咎められた結果と理解できるのかもしれない。

関ヶ原合戦にかかり、高台院の甥たちの動きは、それぞれに個性的であり、豊臣秀吉の一門衆としての統一的な意思・行動をみせることはなかった。徳川家康との姻戚関係を有する勝俊は当初伏見城守備に就いたが離脱。「京方」の出撃命令に従うこともなかった。利房は「京方」の出撃命令に従い北国に出陣して前田利長の再挙に備え、関ヶ原に参陣することはなかった。延俊は関ヶ原で「京方」が敗北した後、長岡忠興とともに丹波福知山城の小野木重勝を攻撃した。小野木は忠興の父幽斎が籠る丹後田辺城の攻め衆であった。そして小早川秀秋は関ヶ原の戦場で「関東方」に転じ、大谷吉継らの軍勢を壊滅させて合戦の帰趨を決めた。

戦後、勝俊と利房は領知を失い父家定の庇護下におかれた。家定は「京方」「関東方」いずれに属すことがなかったと評価され、戦後、姫路から足守に移封されたが知行高に変動はなかった。大津城を攻め落とした立花宗茂（親成）が関ヶ原での「京方」敗戦を知り、入京して家定に大坂城で籠城戦を挑むことを提案したとき、家定はこれを拒んだとの伝もある（『寛政重修諸家譜』木下）。一方、秀秋は備前・備中・

美作の宇喜多秀家の旧領を領知として得た。延俊もまた慶長六年に豊後日出に新規の領知を得て自立する。

さて、二大老四奉行連署の出撃命令に戻る。いま指摘したように、関ヶ原合戦における高台院を中核とする木下（杉原）一族の動きは定まらない。関ヶ原合戦の構図が、豊臣対徳川のかたちを成さなかった大きな要因といえる。家康の側からいえば、この構図は好ましからぬもので、あくまで豊臣政権内部の争いというかたちに落ち着けるためには、高台院を含め、木下（杉原）一族がまとまって「京方」の象徴として顕著な動きをすることを阻止することが必要条件であった。その意味で、豊臣の核に位置づけられる可能性をもつ高台院や強大な軍事力を擁する秀秋を、「京方」は十分生かしきれずに関ヶ原の戦場に臨んだことは、家康を助ける結果となった。

利房は大坂の陣では家康軍に加わり、その戦功によって一度失った父家定の遺領を受け継ぐ。高台院もまた、「京都新城」を住処として大坂城には戻らなかった。

伏見城を陥落させるために、「京方」は十日以上の時日を費やすことになった。関ヶ原合戦の全容を俯瞰すれば、この時日こそ「関東方」に勝機を与える要件になったと考えざるを得ない。そのことは、本章であつかった九通の八月一日付書状からも読み取ることができる。「京方」はつまずき、「関東方」は走り出したのである。

本章でも何度か引用した「京方」の軍事配備を示す史料として知られる「備口人数注文」（以下、「注文」）は、七月三十日の夜、大坂城に集った毛利輝元、石田三成らによって作成された可能性が高い。伏見城陥落は時間の問題となったとはいえ、前田利長が動き出し、会津攻略に従軍していた諸将も戻り始めるという情勢に対応する陣立てである。越前・美濃・伊勢の南北ラインで防御態勢をとる構想で、「京方」が後世「西軍」と呼ばれることになる根拠ともなったと考えられる。

しかし、実現していれば万全の体制を示す「注文」であったかもしれないが、「伊勢口」に配される京極高次・脇坂安治が「北国口」に転じたほか、「注文」に載せられながら実働のなかった中川秀成・伊藤祐兵、あるいは実質「関東方」に加わった生駒親正・蜂須賀家政らがあるように、「注文」はあくまで「京方」の企画案に過ぎない。いわば絵に描いた餅である。

石田三成ら奉行衆はこうした企画案を作ることには慣れてはいたが、その案に命を吹き込むこと、運動エネルギーを加えて実働させる工夫、知略には疎いところがあったのではないか。ここでいう運動エネルギーとは、欲望や恐怖、虚栄心や劣等感にも働きかけながら人の心と体を動かす力のことである。戦争は命の奪い合いである。とてつもない運動エネルギーを要する。豊臣秀吉の戦争のなかでいきいきと石田ら奉行衆が活躍できたのは、運動エネルギーを加える役割を秀吉自身が担っていたからにほかならない。

二大老四奉行体制となった大坂城に秀吉に代わることができる人物はいない。伏見城攻略におもいのほか時日を要することになったのもそこに原因がある。「秀頼様衆」には増田長盛・長束正家の家臣が軍目付として全体の指揮系統を担当していたと考えられるが、奉行衆の指揮下におかれることを「恥辱」と感じていたのは島津義弘だけではあるまい。とはいえ、「秀頼様衆」の各将がそれぞれの創意で果敢な攻撃を加えたとしても、これらが常に相乗効果を生むとは限らない。むしろそれぞれの創意工夫が減殺される可能性さえある。一方、鳥居元忠ら籠城軍はすでに退路を絶っている。

諸将の妻子を大坂城に集める策が裏目に出たのに続き、伏見城攻撃にも手間取った「京方」に対し、「関東方」は急速に動き始める。

紹介した書状のなかでは黒田如水の動きが顕著である。豊前中津という場が重要である。豊前・豊後は九州に属するとはいえ瀬戸内海に接して伊予・周防・安芸などとの交流がある。そのエリアで最も影響力のある毛利輝元が大老として大坂城にいることは脅威であったろう。しかも、背後にいる肥前龍造寺（鍋島）・筑前小早川・薩摩島津らも「京方」にある。如水が近隣の松井康之（豊後杵築）・中川秀成（豊後竹田）と連携を図りつつ、吉川広家を通じて毛利一族を「京方」から離脱させる工作に執心したのは、第一義的には、中津を守り抜くことにあったと考えられる。事実、このあと毛利輝元は、「京方」の越前・美濃・伊勢の防衛ライン構築をよそに、伊予に派兵し、伏見城攻撃で手痛い損害を受けた毛利（森）吉成の豊前小倉城も接収。豊後奪回を目指す大友義統を支援してもいく。

如水の毛利調略の成果については次章で確認していくが、如水の動きが関ヶ原合戦における「関東方」勝利に大きく貢献したことは疑いない。

次に、「京方」による通路封鎖によって家康への従軍ができなくなった武将たちの動きである。脇坂安治の場合はその事情を家康に伝え、家康がこれに答える書状を送ったことを機縁に生き残り、近世大名への道を拓いた。伏見城攻略で活躍した鍋島勝茂はその後も「京方」として伊勢へ転戦したが、結局関ヶ原の戦場には臨むことがなかった。父直茂らの教唆もあったと伝えられる。ただ、鍋島家は、関ヶ原で「京方」が敗戦した後、立花など九州の「京方」を攻撃することで生き残りの条件を整えなければならなかった。

大坂政変ののち、「京方」と「関東方」に分裂した豊臣家臣たちは、それぞれにみずからの生き残りを懸けて、ある者は一方に一途の望みを託し、ある者は両睨みの姿勢をとる。脇坂の場合は、家康から得た返書を秘匿しながら、関ヶ原に布陣するまで大谷吉継の指揮下にいた。「京方」から受領した書状類も多く手元に残されていたはずであるが、おそらくはみずから廃棄し一通も残さなかった。

関ヶ原で「京方」「関東方」の戦いが繰り広げられるのは九月十五日のことである。その一カ月半前、しかも「京方」にとっては華々しい日であるはずの伏見城陥落の日、八月一日付で認められた九通の書状から、「京方」敗戦の予兆がみえてくる。

しかし、なお「京方」にも勝機は残されていたはずである。次章では、走り出した「関東方」がどのようにして「京方」の勝機を潰し、勝利を確実なものにしていくか、そのことを語るいくつかの書状を紹介していく。

第三章　家康完勝への途

顧みれば、家康が会津出陣のため大坂城を発ったのは六月十六日のことであった。この日から九月十五日までの約三カ月が「天下分け目」の時日となった。

家康が江戸に到着したのが七月二日。小山に向けて江戸を発つのは二十一日である。大坂から江戸までの行程に要した以上の日数を江戸で費やしている。石田三成・大谷吉継・安国寺恵瓊らが佐和山に会して謀議ありと報じた増田長盛書状が七月十二日付である。家康は増田の書状を得るまでもなく、伏見城留守居衆や上方に残留した京極高次ら家康を支持する武将からの情報で、石田らの計略を知っていた可能性が高いが、家康は増田の書状を江戸で読んだことは疑いない。

江戸を発つ折には石田らの計略、さらには十七日の大坂政変を知っていたわけである。むしろ、石田らの計略が実行に移されるのを江戸で待っていたとも考えられる。諸将を下野小山に集めてその去就を問うたと伝えられる「小山評定」は二十五日。家康が小山に着いた翌日のことである。

つまり、上杉景勝を討つという名目で関東に下った家康が、これに従軍した諸将と初めて面をつき合わせて臨んだ軍議の議題は、上杉攻めではなく、大坂政変への対応だったことになる。

そして、二十六日に諸将の西上が始められる。家康は直臣山代忠久を上方に遣わして、出陣を触れさせた。加賀の前田利長も同じ日、金沢を発して越前に向け出陣した。

徳川家康は八月四日早朝に小山を発ち、翌五日に江戸に戻る。家康はすでに東海道筋を抑えながら福島正則の居城尾張清州城を前線基地とする策を鮮明にし、同じ四日には福島正則・池田輝政ら先手衆への目付として井伊直政・本多忠勝を送り出している。家康不在となる北関東には子息秀忠、秀康（結城）を残し、伊達政宗、最上義光らの動向の把握と、上杉景勝の警戒を続けさせる手配りを施していた。そして再び家康は一カ月弱を江戸で過ごす。

福島正則が清州城に戻ったのは八月十一日という。家康は村越茂助（直吉）に清州城に集結した諸将あての書状と、浜松城で療養中の堀尾吉晴にあてた見舞状（ともに十三日付）をもたせて東海道を西に走らせた。村越が清州に到着したのは十九日。二十日に軍議が開かれ、いよいよ戦端が開かれていく。

家康が江戸を発つのは九月一日。八月二十三日に岐阜城を陥落させた福島正則・池田輝政ら先手衆は翌二十四日には美濃赤坂・垂井に進んで、石田三成・宇喜多秀家らが籠る大垣城を遠望していた。徳川秀忠が下野宇都宮を発し中山道を信濃に向かうのも二十四日である。先手衆が美濃に進むのを待って秀忠を進発させているのは、家康がなにより「京方」と上杉勢に挟撃されることを警戒していたからと考えられる。先手衆が大垣城を素通りしてその西北に陣を置いたのも、徳川本隊ともいうべき秀忠軍が東山道を進軍して美濃に入ることを想定していたからであろう。

ところが真田昌幸の抵抗にあった秀忠軍は当初予定した日程での進軍が困難になった。秀忠軍不在のまま戦うことも覚悟しなければならなくなった家康であるが、家康は歩みを止めず、十一日に清州に着き、十三日には岐阜に進み、十四日に先手衆と合流する。翌十五日が関ヶ原合戦である。そして家康は勝つ。豊臣恩顧の武将たち頼みの戦いを制したのである。

いまほど、家康が会津に向けて伏見を発った六月十六日以後約三カ月が「天下分け目」の時日と述べた。しかし、家康はその時日の半分以上を江戸で費やしている。小山に発つまでの約二十日間は石田三成らの動静を見極めるための日々、小山から帰って美濃に向けて発つまでの約一カ月は、先手衆となった豊臣恩顧の武将たちの心を見極めるための日々といえるのかもしれない。

これから紹介する書状は、家康が「天下分け目」の時日をいかに過ごし、有効に活用したのかを考える素材となるだろう。

1　黒田長政、吉川広家を通じて毛利輝元を調略する

黒田如水・長政父子が、「京方」に属することに慎重な姿勢をみせていた吉川広家を通じて毛利輝元の動きを封じ、さらには「関東方」へ引き寄せる工作を進めていたことはすでに前章で紹介した。ここでは、その後の動きを追う。

〔A〕

拙者為御見舞、態御使札忝存候、とても遠方是迄御返かたく候間、御内意之通、内府公へ申上候へは、拙者所へ被成御書候間、則御使ニ懸御目候、本書此方ニとゝめ申候、随而今度之一義、輝元義ハ被成御存知間敷候、安国寺一人之才覚と内府公も被思召候、然上者、輝元へ御内儀能々被仰入、内府

公御入魂ニ成候様ニ御才覚専用ニ存候、貴様次第此方之義ハ拙者相調可申候、御弓矢此方勝手ニ罷成候てハ、さ様之儀も調かね可申候条、まへかと無御油断御分別尤ニ存候、是は連々互不存如在義候条申入候、猶此使者口上ニ申添候間、能々可被聞召候、恐惶謹言、

八月十七日　長政（花押）

羽蔵様

参　御報

（押紙）
「此書状、使者関所を通候ニ付、濃々ニ切さき笠の緒ニゑり込、取帰申候故損申候、使者服部治兵衛」

〔B〕

従吉川殿之書状、具令拝見候、御断之段、一々令得其意候、輝元如兄弟申合候間、不審存候処、無御存知儀共之由承、致満足候、此節之間、能様被仰遣尤候、恐々謹言、

八月八日　家康

黒田甲斐守殿

（押紙）
「此御内書、使者関所を通候ニ付而、帯の内江縫込取帰候ニ付、にしみ有之候故、後年ニ至り候而、損申候、使者服部治兵衛」

〔C〕

猶以内府も早駿川府中迄出馬之由、夜前申来候、已上、
先書ニ申入候、相届候哉、菟角輝元御家相続申候様ニ、御分別尤ニ候、御返事ニ委可被仰越候、恐惶謹言、

八月廿五日　　長政（花押）

羽蔵様　まいる
人々御中

（押紙）
「此書状、帯之内江縫込取帰候」

（『吉川家文書』）

【現代語訳】

〔A〕

御使者よりお手紙を受けとりました。近況についてご心配いただきありがとうございます。お互い遠く離れたところにおりますので、なかなかご返答ができないでおりました。（広家の）お気持ちを家康様（内府公）にお伝えしたところ、（家康から）私のもとに手紙が届けられましたので、御使者に読んでいただきました。（家康の手紙の）本文（実物）は手元に残し（写しを御使者に託しお届けし）

ます。さて、今度の一件（大坂政変）について、（毛利）輝元は首謀者ではなく、安国寺恵瓊一人の策謀であると家康様も判断しておられます。ですから、（広家から）輝元へ家康様の内意を伝え、家康様に味方するよう説得工作に専心していただきたいと思います。あなたのお働き次第で、私が（輝元・広家らの処遇について）善後の策を整えます。今後の戦いが「関東方」（「此方」）有利に展開すれば（輝元らの処遇についての取り計らいも）困難になりますので、そうなる前に油断なくご判断されるべきだと思います。これはこれまでお互い親しくしてきたからこそ提案することです。なお、（この書状を届けさせる）使者に伝言を託しましたのでよくお聞きください。よろしくお願いします。

〔B〕

吉川殿（広家）の手紙を丁寧に読んだ。（広家がおかれている）事情についての説明は充分理解した。（家康と）輝元とは兄弟のように接してきたので、（今回の行動については）疑問に感じていたが、輝元は事情を理解しないままに巻き込まれたということ、納得した。このような情勢なので、（輝元、広家を味方にできるよう）善後の対応を示してやってほしい。よろしくお願いしたい。

〔C〕

先日（長政から広家にあてた）手紙は届いているでしょうか。なにより毛利家が存続できるように最良の判断をされるべきです。お返事にくわしくお考えをお示しいただきたい。よろしくお願いします。

（追伸）なお、家康様も駿河府中（静岡）まで出陣されたとのことです。前夜報告がありました。

Aの時点で、黒田長政は関東から西上の途にあり、吉川広家は伊勢に出陣していた。「とても遠方是迄御返かたく候間」（A）、「先書ニ申入候、相届候哉」（C）などの文言は、こうした事情を示す。『吉川家譜』、『黒田家譜』、ならびに吉川広家の家臣で長政に対面した『藤岡市蔵覚書』（『吉川家臣覚書』所収）に拠れば、藤岡市蔵と服部治兵衛を長政のもとに派遣するのに先立ち、黒田家の大坂留守居である栗山四郎右衛門を訪ねたところ、栗山は西山吉蔵という者をつけて長政のもとへ向かわせるという配慮をみせたという。そして藤岡らは伊賀越えで伊勢に入り、伊勢からは伊勢御師に身をやつし、広家の書状を脚絆の紐に縫いこめ、駿河鞠子（静岡市駿河区丸子）『藤岡市蔵覚書』では「小田原・大磯の間」）で長政に対面。長政は藤岡・服部に家人小川喜介を添えて関東に遣わしたという。

これに応じて家康が認めたのがBということになる。家康は八月五日に江戸に戻っていた。七月末に大坂を出た藤岡・服部が駿河ないし相模で黒田長政と会い、そこから江戸に入って家康と対面するという行程を考慮しても、八日付の家康書状受領に無理はない。ただ、Bは広家あてではない。もとより、広家がおそらくは七月二十三日付で長政あてに認めた書状（第二章5参照）が家康に回覧されたのである。家康書状は長政あてとなるのが順当である。

ここで再び『藤岡市蔵覚書』に拠れば、家康書状を受領した藤岡・服部は尾張清州で長政に追いつき、ここでBを受領して、服部はそのまま伊勢の陣中にある広家のもとに急いだ。一方藤岡はそのまま長政のもとに留まる。人質としての意味もあろう。ただ、藤岡は毎日の軍評定を聞き、木曽三川を渡り岐阜城を攻め落とす実戦を目の当たりにし、さらに美濃赤坂に進んだ後、Cを携えて広家のもとに戻ることになる。

広家が伊勢に向けて大坂を発つのは八月五日のことである。藤岡・服部が家康と対面している頃には伊勢に着陣していた。ＡＢに後世付けられた押紙によれば、それぞれに関所を通過するための措置、すなわち書状を細かく切り裂いて笠の緒に撚りこみ、あるいは帯に縫いこんで隠したという。また、それぞれ服部治兵衛が使者となったと記してある。

さて、ＣからはＡへの返書が長政のもとに届いていない様子がうかがえる。広家は長束正家が束ねる「京方」にあり、服部が命がけで届けた長政の書状にも答えられなかったことが想像される。広家がＢを落手したのは、いよいよ富田信高らが籠る安濃津城攻撃が始まる直前と考えられるからである。本格的な攻防戦は二十四日に始まる。この戦いで、吉川広家は二二七名（討死七五）の死傷者を出している（八月二十六日付、伊勢国津城合戦手負討死注文、『吉川家文書』）。Ｃが認められるのは、まさにその攻防戦が木食応其らの仲介で終結する日だったということになる。

広家はこの注文に、「右ニ書付申上候通、一人も無偽候、若於偽者、愛宕山、厳島大明神、大社大明神、摩利支尊天、八幡大菩薩、天満大自在天神、可蒙罷　御罰者也」と、自筆の罰文（起請詞）を載せている。注文は戦功の証左として長束らに示すために作成されたと考えられる。罰文はその内容に偽りがないことを誓う言葉を載せることで、長束らを安心させる効果を持つ。ただ、広家には別の重みが感じられたはずである。

さきに広家は心と体の分離状態、あるいは「京方」への面従腹背を関ヶ原合戦当日まで続けていくことになる、と述べた（第二章5）。津城攻めには毛利秀元の兵も加わっているから、この時点では「京方」への貢献が示される必要があったことは疑いない。右の注文に載せられた犠牲はその意味で十分な貢献と受け取られたであろう。しかし、広家の心がもとより「関東方」にあったとすれば、払わなくてもよかった犠牲という認識、悔恨も少なからずあったと想像される。自書した罰文に、この犠牲を無駄にはしないという決意をこめた可能性もあるのではないか。かいかぶりでなければ、広家の心に迫れたことになる。

ちなみに、ABを広家に届けた服部治兵衛は、安濃津城攻めで討死。注文に載せられている。服部は藤岡とともに家康に対面し、満面笑みの家康から羽織と金子を下されたという（『藤岡市蔵覚書』）。服部にとって望まない場、望まない理由での戦死であったに違いない。ただ、「今」を乗り切るためには戦わなければならなかったのである。近世吉川家が「使者服部治兵衛」と押紙に記した理由も見えてくる。

もう一人の黒田への使者藤岡市蔵は、黒田長政のもとで見聞したすべてを南宮山に陣をおいた吉川広家に語ったことであろう。長政が藤岡を帯同させた目的はここに果たされていくことになる。

福島正則の居城清州城に集結した「関東方」の軍勢は、戦功を争うように木曽三川域に展開する「京方」の城郭を攻略。石田三成・島津義弘らの迎撃軍を打ち破り、岐阜城も落として進軍し、広家らが安濃津城を攻撃したのと同じ二十四日には、石田らが籠る大垣城を南東に望む美濃赤坂に布陣していた。その陣から、藤岡は広家のもとに急いだのである。ただ、藤岡が最初に向かった伊勢に広家の姿はなく、関の地蔵で聞き及んだ情報をもとに、美濃南宮山の陣所にたどりついたという。

刻々と動く戦況についてはさまざまな経路で広家も把握していたと考えられる。しかしなお広家は「京方」の陣配りのなかにおかれている。いつ、どのように本意をあらわすか、難しい局面におかれていた。そこに藤岡が到着したわけである。

長政もまた、毛利一族の調略について、家康から大きな期待を懸けられているとはいえ、その成否が黒田如水・長政父子の今後に大きく影響することを強く認識していた。如水から長政に届いた書状を、井伊直政を通じて家康の披見に付している（八月二十五日付、黒田長政あて井伊直政書状写、『黒田家書上』）。秀吉恩顧の武将たちに対する家康の警戒心はなお厚く、如水や長政に対しても全幅の信頼をおいているわけではない。むしろ、この調略活動が試金石となることを、如水も長政も深く心に命じていたはずである。

長政は広家が伊勢で「京方」としての戦功をあげたことを知り得たであろう。家康に心を寄せているという広家の言葉を疑うには充分すぎる情報である。Cに「先書ニ申入候、相届候哉」、「御返事ニ委可被仰越候」とある。長政の心中は穏やかであるはずもなく、また藤岡も立場を失いかねない状況である。長政は藤岡に最後通告に等しい内容の言葉を託し、さらには藤岡自身の言葉で「関東方」の優勢と、長政の真意を広家に伝えさせる必要があった。もちろん藤岡を広家に戻せば、そのまま敵となるリスクを覚悟してのことであろう。

最後に、Cに家康が駿河府中まで来ているとあるが、家康はいまだ江戸を出ていない。長政の意図した虚報と読むか、誤報を含め一応の情報を得て長政が最新の情報として伝えた文言と読むか、どちらも可能である。しかし、長政も、広家も、それぞれにきわどい淵を歩いていた。戦争に謀報、流言はつきものである。広家にも情報網があることを知った上で長政が虚言を弄することになれば、広家との信頼構築にマイナス要因となることは必至。それでもあえて長政が虚報を掲げたとすれば、それはそれで長政の切羽詰まった心情がうかがえるのかもしれない。

2　福島正則、浅野長政に戦勝を伝える

福島正則の居城清洲城に集結した「関東方」は、しかしすぐには動かなかった。家康は江戸でこのことをいぶかしく思ったに違いない。しかし家康のとったある行動をきっかけに、福島ら先手衆は動き、「京方」を圧倒していく。福島の戦勝報告を聞こう。

遠路御状忝拝見仕候、爰元之様子羽三左殿、左京殿申談候、随而一昨日廿二日ニ三左衛門尉殿、左京殿、遠州衆、川越在之処ニ、岐阜衆少々罷出候を被及一戦、被追崩候、手柄共ニ候、次昨日羽越州殿、加左馬殿、我等いなは山へ取つめ、早束（速）落去仕候、中納言殿儀、いろいろかうさん被申候間、小しやうとも二三人にて尾州へおくり申候、爰元之儀弥□（以）はかゆき申候様ニ、羽三左、左京殿談合いたし、秀頼様御為よきやうニ可仕候、於様子ハ可御心安候、恐惶謹言、

羽左衛門大夫

八月廿四日　　　　　　　　　　正則（花押）

浅弾正様

（『浅野家文書』）

【現代語訳】

遠路お届けいただいたお手紙を拝見しました。こちらの様子は、池田輝政（羽三左）殿、浅野幸長（左京）殿からも伝わっていると思います。さて、一昨日、二十二日に池田輝政殿、浅野幸長殿、遠

図 10　岐阜城〔岐阜市提供〕

州衆（井伊直政ら）が木曽川を越えようとしたところ、岐阜衆（織田秀信）が少々軍勢を出してきたので合戦となりましたが、打ち破りました。見事な働きです。ついで昨日（二十三日）は長岡忠興（羽越州）殿、加藤嘉明（加左馬）殿、我等（福島正則）ともに稲葉山（岐阜城）を攻撃し、早々に落城に追い込みました。秀信（中納言殿）は降伏し助命を願ってきたので、小姓二、三人とともに尾張に送りました。こちらはいよいよ順調に進み、輝政・幸長殿と相談して、秀頼様のご意思に添えるよう取り計らいます。こちらの様子についてはご心配いりません。よろしくお願いします。

美濃赤坂の陣中から福島正則が浅野長政（長吉）に届けた書状である。木曽川を渡り

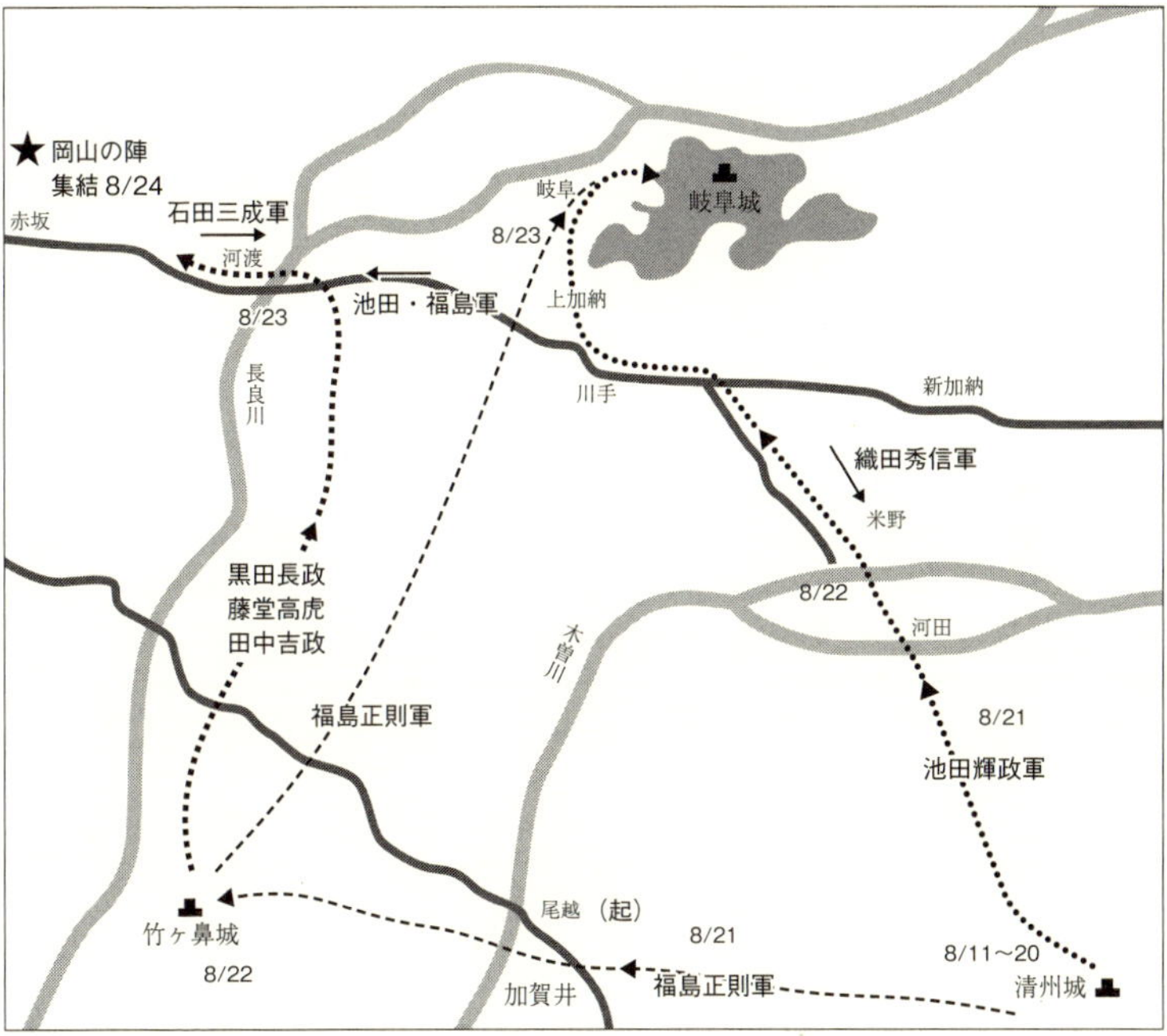

図 11　木曽三川の戦い　各武将の動き

岐阜城を攻略したことが報じられている。清州城を発した「関東方」の軍勢は、池田輝政を主将とする一隊と、福島正則を主将とする一隊に分かれ、それぞれ異なる地点から木曽川を越える戦いに身を投じた。

浅野幸長は池田輝政とともに河田（岐阜県各務原市川島）で渡河し、米野（岐阜県笠松町）周辺で岐阜城から出た織田秀信軍と戦い、これに勝利して岐阜城攻略に向けた陣を設け、福島正則率いる一隊の到着を待った。右の書状で、正則は池田輝政、浅野幸長らの働きを「手柄」と評している。長政に向けた気遣いである。

一方、福島が率いた部隊には右の書状にみえる長岡忠興・加藤嘉明らのほか、黒田長政・京極高知・藤堂高虎らも属していたが、秀信の家臣杉浦重勝らの抵抗も激しく、渡河点を起（一宮市起）から加賀野井（一宮市東加賀野井）に移し、さらに杉浦の居城竹ヶ鼻城を攻略して、池田輝政の部隊と合流したという。そして、右の書状にあるように、岐阜城攻略にあたり、大手口から攻めたのは福島、長岡、加藤らである。池田らは搦手（水の手口）から攻め、福島らより先に本丸に達したのであるが、右の書状はその辺りは触れていない。

しかしなにより注目すべきは「秀頼様御為よきやう二可仕候」である。「京方」の戦いの大義は豊臣秀頼を擁しているところにある。徳川家康が最も警戒しているのは、木曽川を渡り岐阜城を落としたのが豊臣恩顧の武将たちであり、彼らの心に潜在する豊臣への忠誠心が何らかのきっかけで表出し、反撃に転じることである。家康が江戸を発ち、西に向かえないのは、上杉景勝の動きへの警戒を解けないことのほかに、福島らへの疑念があったと考えられる。その意味で、福島みずから秀頼のための戦いであると記していることは貴重である。しかし、「秀頼様御為よきやう二可仕候」との文言は、村越茂助が伝えた家康の言葉に動かされた福島の、ある意味迷いから覚めて発した言葉に読める。

家康が使者として村越を清州に遣わすにあたり、清洲城に集結した諸将あての書状を携えさせ、口上を託していた。村越の口上の内容を正確に知り得ないが、『家忠日記増補追加』（松平忠冬著）には次のように記される。

村越は、「諸将その地に陣を構えているとのこと、ご苦労に思う。しかし、いまだに戦功が伝えられてこない。諸将で話し合い、戦略を立て、兵を進めて実戦におよび、これを（家康の）味方であるという証拠として見せてくれるならば、吾（家康）は快く出陣するだろう。もし、初戦に敗れたとしても、以後の戦いは（家康の信頼を得て、諸将の結束が固まり）容易く進められるだろう」との口上を（家康から預っていることを）井伊直政・本多忠勝にひそかに伝えた。

福島らとともに清州城にいた家康の直臣井伊直政・本多忠勝は、村越が家康から託された口上の内容を問い、これに答えた場面である。口上は、諸将の労苦をねぎらう言葉に続き、速やかに戦闘を開始し「味方ノ証拠」を顕してくれれば家康も安心して出馬できるという内容で、たとえ初戦に敗れても、却って（結束が強まり？）後の戦いは安泰とも述べることが村越の使命であった。

これを聞いた井伊・本多は、「然リト云ヘトモ」以下の口上は、諸将には伝えず、労苦をねぎらう言葉のみ伝えるように村越に説いた。しかし村越は、本来なら「思慮深キ老兵」や「武功ノ勇士」が遣わされるべきところ、そのどちらでもない村越を家康が使者としたのは、「卒忽ニ」（この場合、思慮を欠いて、の意）家康の命を伝えるためだと考え、井伊・本多の指示を無視して軍議の場で家康の言葉をそのままに披露したという。

井伊・本多としては、「諸大将疎意なき処に御嫌疑に似たる上意いかゝ」（『高山公言行録』『高山公実録』による）と考えた結果である。現場の判断としてはおそらく誤りではない。福島らの言行に接するなかで、彼らの心を疑うような姿勢を家康が見せることのデメリットに配慮したのである。諸将を前に村越が家康の言葉をそのまま述べる姿に、井伊・本多は戦慄を覚えたかもしれない。しかし、杞憂に終わったようだ。『黒田家譜』にはこうある。

家康の先手衆の諸将はみな故太閤（豊臣秀吉）に恩を受けた者たちであったので、（家康は）心もとなく思い、もし寝返って敵となれば（家康自身）西上しての戦いが困難になるので、まずは諸将が戦いを始め、いよいよ寝返りがないということを示せば、先手衆の合戦の勝敗にかかわらず、（家康は）急ぎ江戸を発つご決意であると理解した。（中略）黒田長政・福島正則などが言うには、家康の出陣が遅れたのは、ひとえに我々先手衆の油断に原因がある。とにかく、諸将ともに敵方と完全に手を切ったことを示す働きを見せない限り、家康公は江戸を発たないだろう。さあ、岐阜城を攻め落として（家康の）出陣を促そう、と。

いわゆる「小山評定」を思い起こさせるような文脈であるが、二十日の軍議では黒田長政・福島正則がその場を引っ張り、一気に木曽川を越え、岐阜城を落とすという、福島の書状にみえる通りの戦果をあげ、家康の江戸発向を促すことになったのである。

裏づける史料はないが、秀頼のための戦いであるという言葉が、村越の口上にあったのではないか。福島ら豊臣恩顧の武将の心に疼く迷いも、家康が彼らに抱く疑心も、すべて秀頼の存在に起因している。この戦いが秀頼のための戦いであると確信できれば、福島らは動ける。二カ月余り前、秀頼の名代として上杉討伐に向かうと宣言した家康である。秀頼の名代のままに、「京方」は秀頼を惑わす奸臣たちの群れと断じれば、もとより石田三成との確執を抱える福島らは動く。家康はそう判断したのではないだろうか。

さて、村越が清州から江戸に帰着したのは二十二日夜のことであった（八月二十三日付、伊達正宗あて徳川家康書状、『伊達家文書』）。軍議ののち速やかに、おそらくは出陣を確認することはなく、帰路についたと考えられる。

ちなみに、江戸を出たのが十三日（あるいは翌十四日）で、清州着が十九日。途中、家康の見舞状を携えて浜松城の堀尾吉晴を訪ねているので、往路は浜松滞在の時間が加えられた日数となる。浜松の堀尾のもとにもさまざま情報が寄せられていたと考えられる。堀尾は不慮の負傷で思うに任せない日々を送っていたから（第二章参照）、美濃・尾張の動静には耳を澄ませていたに違いない。吉晴の子息忠氏も福島らと共にある。吉晴は村越に言葉を懸け、労をねぎらったであろう。忠氏への伝言も託したかもしれない。村越には何より心強く受け止めたはずである。家康があえて村越を浜松に寄り道させたのも、そのあたりに目的があったとすれば、家康の読心力恐るべし、である。

さて、書状をうけとった浅野長政は、文面にある幸長の父である。長政の正室（やや、長生院）と豊臣秀吉の正室（お祢、高台院）は姉妹といわれる。ともに杉原定利の娘で浅野長勝養女となるとも、長生院は長勝の実子で高台院とは義理の姉妹ともいう。いずれにしても長政は豊臣家の姻戚であり、福島正則らとは異なる意味でも豊臣恩顧の武将であった。

子息の幸長は、いわゆる七将のひとりとして石田三成襲撃に加わり、家康支持を明らかにしていたのであるが、長政はすでに紹介してきたように、前田利長らと謀って家康暗殺を企てた嫌疑で甲斐に蟄居の身となっていた（第一章1）。石田三成失脚後の政変として重要な事件であった。しかし、大坂政変の後、「聊モ誤ナキノ旨披露アルニ依テ」（『家忠日記増補追加』）許され、家康の依頼によって徳川秀忠率いる軍勢に加えられることになる。

態申入候、中納言信州口へ為相働候間、其許御大義候共、御出陣候而、諸事御異見頼入候、将又左京大夫殿、万入御入念被仰越候段、難申尽存候、委細者本多弥八郎、大久保十兵衛可申候、恐々謹言、

八月廿四日　　家康（花押）

浅野弾正少弼殿

（『浅野家文書』）

【現代語訳】

格別に申し上げます。秀忠（中納言）が信州口に出陣することになりました。あなたも御苦労ですが御出陣いただき、（秀忠に）諸事御指導願いたい。また、幸長（左京大夫）殿からは、いろいろ折に触れ丁寧なお便りを受け取っております。ありがたく存じます。詳しいことは本多正純（弥八郎）・大久保長安（十兵衛）が申し述べます。よろしくお願いします。

徳川秀忠が宇都宮を発して信濃に向かうのが、右の家康書状の日付と同じ二十四日。上野松井田に到着するのが二十八日である。長政は家康の依頼に応じ秀忠を追い、従軍する。高台院周辺の武将たちの動きについては、すでに第二章で紹介したが、ここに浅野も「京方」を離れることになったのである。

さて、福島らの急速な軍事行動によって、「京方」の重要拠点岐阜城が陥落し、「関東方」優勢の情勢が形成されようとしていた。福島らにしてみれば、あとは家康を待つのみである。

家康もまた井伊・本多の報告を得て、さっそく書状を福島らに届けた。

急度申入候、仍去廿二日萩原渡、同小越を被取越之由候、殊翌日岐阜へ被相働之由、井伊兵部少輔・本多中務申越候、尤存候、其元何やうにも各御相談、無越度様御行肝要ニ候、出馬之儀は聊無油断之間、可御心安候、猶追々御吉左右待入候、恐々謹言、

八月廿五日　　家康

清須侍従殿
吉田侍従殿
浅野左京大夫殿
黒田甲斐守殿
加藤左馬助殿
丹後宰相殿

（『古今消息集』）

【現代語訳】

急ぎ申し入れます。去る二十二日、萩原渡・小越（起）から（木曽川を）を越えて、翌日には岐阜城を攻め（落とし）たことについて、井伊直政・本多忠勝から報告がありました。大変満足です。そちらのことは何事も皆で協議し、過誤がないようにことを進めることが重要です。（家康）出馬の準備

も怠りなく進めています。ご安心ください。追々良いご報告があると期待しています。

充所は福島正則・池田輝政・浅野幸長・黒田長政・加藤嘉明・長岡忠興の連名である。同日付で、藤堂高虎・山内一豊・堀尾忠氏ら他の武将あて、充所連署の家康書状が複数確認されている。何事も皆で協議して進めよという指示には、抜け駆けや無謀な強硬策を遮る意図があったと考えられる。すでに八月二十二日付で発した井伊直政の報告には、福島らは岐阜城攻撃の前夜、岐阜城攻略の後、速やかに佐和山城を攻める計画を立てたとあったからである（『伊達家文書』）。家康は急がなければならなかった。

3　家康、江戸を発つ

徳川家康が江戸を発つのは九月一日のことである。ただ、すでに八月二十四日に美濃赤坂や垂井に集結していた「関東方」は、一日も早い到着を期待していたであろうから、すでに数日を経てなお出馬の報が届かないことに不満が高じていた可能性は高い。

家康はようやく重い腰を上げることになるが、これも万全の策を施しながらの出立であったようだ。

〔A〕

其元之儀注進、得其意候、今日朔日至神奈川出陣候、急度其地可令出張候間、其間之儀、無聊爾候様、可被相抱候事、専一候、委細村越茂助可申通候、右略候、恐々謹言、

九月朔日　　家康

藤堂佐渡守殿

（『高山公実録』）

〔B〕

急度申候、仍大柿工治部少輔、島津、備前中納言、小西摂津守、籠居候、即取巻可被成水責とて、早速令出馬候、自然景勝其口於相働者、真田伊豆守、本多豊後守、平岩主計頭、牧野右馬允申付候条、各へ談合、其元城堅固可被相抱肝要候、為其以飛脚申候、恐々謹言、

九月朔日　　家康

堀丹後守殿

（『古文書集』）

〔C〕

急度申候、仍大柿治部少輔・嶋津・備前中納言・小西摂津守、籠居候、即取巻可成水責とて、早速令出馬候、坂戸へ敵於相働者、無油断加勢尤候、切々飛脚を遣、被添力事肝要候、恐々謹言、

九月朔日、　家康（花押）

真田伊豆守殿

（『真田家文書』）

【現代語訳】

〔A〕

そちらの様子についてのご報告、承りました。今日（九月）一日に神奈川まで出陣してきました。急いでそちらに向かいますので、（家康・秀忠が）到着するまでの間、軽率な行動に走らず、陣所を堅く維持することに専念してください。詳しくは村越茂助が申し述べますので略します。よろしくお願いします。

〔B〕

急ぎ申し入れます。大垣城に石田三成（治部少輔）・島津義弘（嶋津）・宇喜多秀家（備前中納言）・小西行長（摂津守）らは籠城したので、包囲して水責めにすべく、早々に出馬します。もし上杉景勝がそちら（越後）に兵を進めてくるようであれば、真田信幸（伊豆守）、本多康重（豊後守）、平岩親吉（主計頭）、牧野康成（右馬允）に援兵を出すように命じてあるので、彼らと協議してあなたの城（坂戸城）を堅固に維持することが重要です。そのため飛脚を立てて申し伝えるところです。よろしくお願いします。

〔C〕

急ぎ申し入れます。大垣城に石田三成（治部少輔）・島津義弘（嶋津）・宇喜多秀家（備前中納言）・小西行長（摂津守）らは籠城したので、包囲して水責めにすべく、早々に出馬します。（堀直寄の）坂戸城に敵（上杉景勝）が兵を出してくるようであれば、必ず援兵を出すようにしてください。（坂戸城と）密接に情報交換をして支援することが重要です。よろしくお願いします。

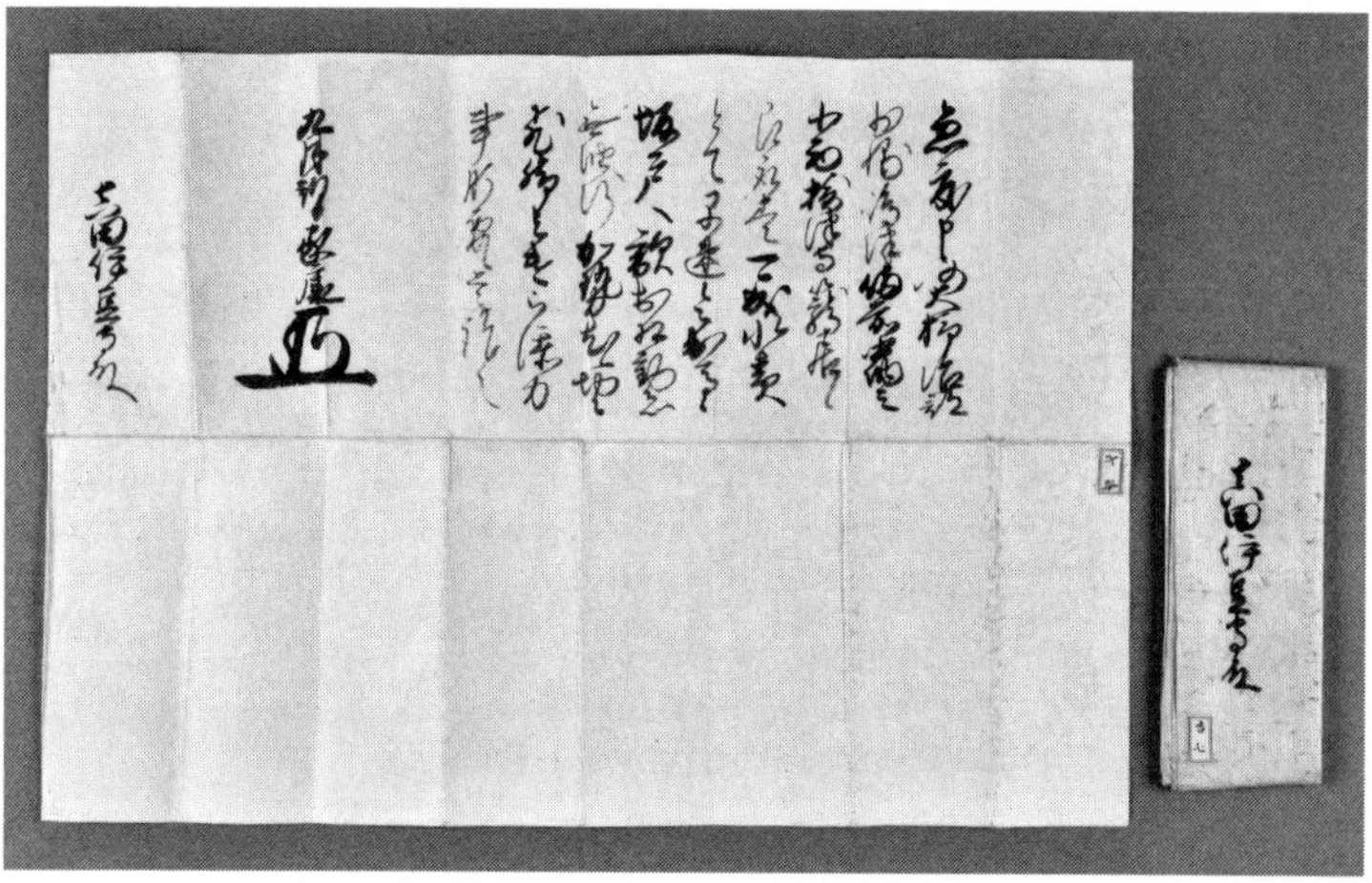

図 12　徳川家康書状（『真田家文書』）〔真田宝物館提供〕

Aは藤堂高虎の注進に答えた家康の書状である。同じ日、家康は加藤成之を使者として家康・秀忠の到着を待って次の行動に移るよう諸将に指示をあたえていたが、藤堂の注進に接して、これを追うように村越を遣わしたようである。藤堂の注進の内容を知ることはできないが、藤堂の言葉に、岐阜城を落とした勢いで一気に大垣城攻略を決行する空気がみなぎっていたのか、家康は勢い任せに軽はずみな行動をしないよう藤堂に答え、村越の言葉を添えさせている。

木曽川を渡り岐阜城を落とす戦いがわずか二日で終結すると思っていなかったのは石田三成ら「京方」の武将ばかりではなかったのかもしれない。家康もまた長期戦を予測して出馬の時期を考えていたとすれば、わずか二日でという結果は誤算であった。すでに戦いは始まり、家康が求めた戦功も果たされた。家康が西への出馬を躊躇する理由はもはやなかったのである。

江戸を出た家康は、一日神奈川、二日藤沢、三日小田原、四日三島、五日清見寺、六日島田、七日中泉、八日

白須賀、九日岡崎、十日熱田にそれぞれ泊し、十一日に清州に入る。この間、一日平均四〇キロ～五〇キロの行軍である。そしてその間、間断なく到来する先手の諸将たちからの報告に答え、あるいは「京方」から脱落して帰順を申し出てきた武将たちへの対応に追われている。

表2に熱田着までの主要な家康書状をまとめた（中村孝也『新訂徳川家康文書の研究』による）。家康は清州に二日逗留し、十三日に岐阜に入る。関ヶ原での決戦まで二日である。

ところで家康は、江戸を発つにあたり、秀忠出陣後の上杉景勝対策を施していた。BCは、いよいよ江戸を発つにあたり、後顧の憂いを軽減する備えを、越後の堀、上野の真田に加え、直臣の本多、平岩、牧野らに指示する内容である。ただ、ここに大垣城は水責めにすると述べている。

大垣城は「大垣輪中」の地名が語るように、揖斐川とその支流杭瀬川（牧田川）に挟まれた低地である。すでに河川氾濫による被災も多く経験していた。城攻めの方策としては有効であったと考えられる。しかし水責めは大規模な土木工事を必要とする。時間がかかる。

もちろん史実としては、「京方」は最終的に大垣城を出て関ヶ原に布陣し、ここで「関東方」と決戦に及ぶことになるので、水責めの策は実現しない。しかし、家康が堀、真田に大垣城水責めの策を語っていたことは確かなことであり、また、その一方で、美濃にある先手衆には家康・秀忠到着までの待機を命じ軽挙を戒める言葉はあっても、大垣城攻略の策は示されていない。

美濃に向かった加藤や村越の口上に、大垣城水責めの策は含まれていたのであろうか。もし水責めの策が示されてあれば、むしろ福島らによる工事着手が急がれたであろう。ところがそのような動きがあったことは後世の軍記類にもみえないのではないか。関ヶ原合戦は九月十五日、グレゴリウス暦では十月二十

表2　徳川家康　熱田着までの主な書状

<table>
<tr><th>日</th><th>充　所</th><th>内　　容</th></tr>
<tr><td rowspan="9">1日</td><td>福島正則</td><td rowspan="4">使者として加藤成之を遣わし神奈川着を報じ、垂井陣取と戦功を賞し、家康・秀忠の到着を待つよう指示。</td></tr>
<tr><td>池田輝政</td></tr>
<tr><td>池田輝政
福島正則</td></tr>
<tr><td>藤堂高虎
黒田長政
田中吉政
一柳直盛</td></tr>
<tr><td>池田輝政
福島正則
各衆中</td><td>27日付福島書状（石田三成の密書を添える）への返信。神奈川着を報じ、陣城を堅固にして、家康・秀忠の到着を待つよう早飛脚を立てて指示。</td></tr>
<tr><td>福島正則
黒田長政</td><td>（27日付？）福島書状への返書。宇喜多秀家・島津義弘・石田三成・小西行長らが大垣城に籠ったことを幸いに、夜を日に継いで向かっているので、到着を待ち軽挙を控えるよう指示。</td></tr>
<tr><td>藤堂高虎</td><td>〔A〕書状</td></tr>
<tr><td>堀直寄</td><td>〔B〕書状</td></tr>
<tr><td>真田信幸</td><td>〔C〕書状</td></tr>
<tr><td>2日</td><td>福島正則
池田輝政</td><td>福島・池田が岐阜城で討ち取った敵兵の鼻を送ってきたことを喜び、家康の藤沢着と、秀忠の大門（信濃）着を使者口上を添え伝える。</td></tr>
<tr><td rowspan="3">3日</td><td>京極高知</td><td>京極書状への返書。美濃での戦功と大津（京極高次）との交信を賞す。</td></tr>
<tr><td>徳永寿昌</td><td>徳永書状への返書。美濃での戦功を賞し、小田原着を伝える。</td></tr>
<tr><td>加藤貞泰
竹中重門</td><td>加藤・竹中書状への返書。（美濃黒野城主）加藤と（美濃岩手城主）竹中の帰順を了承。小田原着を伝え、忠節を奨励。</td></tr>
<tr><td>4日</td><td>石川貞清</td><td>（尾張犬山城主）石川の帰順を了承。使者田中清六の口上を付す。</td></tr>
<tr><td>5日</td><td>加藤貞泰</td><td>加藤書状への返書。犬山（石川貞清）調略の功を賞し、先手衆への参陣を促す。家康清見寺着を報じる。</td></tr>
<tr><td>6日</td><td>池田輝政</td><td>島田着を報じ、秀忠も10日時分には美濃に到着する予定と伝える。</td></tr>
<tr><td rowspan="5">7日</td><td>九鬼守隆</td><td>29日付九鬼書状への返書。志摩国内での戦功を賞し、船手の支援を約す。（遠江）中泉着を報じ、使者本多正純の口上を付す。</td></tr>
<tr><td>京極高次</td><td>後掲（本章5）</td></tr>
<tr><td>伊達政宗</td><td>美濃の戦況を伝え、奥羽のことは結城秀康と協力して対応するよう伝える。使者今井宗薫。</td></tr>
<tr><td>伊達政宗</td><td>後掲（本章5）</td></tr>
<tr><td>最上義光</td><td>後掲（本章5）</td></tr>
<tr><td rowspan="2">8日</td><td>前田利長</td><td>後掲（本章5）</td></tr>
<tr><td>妻木頼忠</td><td>妻木書状への返書。美濃での戦功を賞し、（遠江）白須賀到着を報ず。使者永井直勝。</td></tr>
<tr><td rowspan="2">9日</td><td>福島正頼</td><td>（伊勢長島城主）福島書状への返書。岡崎着を報じ、近接する敵への仕置油断なきよう求める。</td></tr>
<tr><td>京極高知</td><td>大津の情勢伝える京極書状を謝し、大津支援を約す。</td></tr>
<tr><td>10日</td><td>藤堂高虎</td><td>熱田着を報じ、明日一宮まで出向くよう指示。</td></tr>
</table>

一日である。土木工事を終えて城を水浸しにすれば籠城軍がすぐに降参するわけでもないから、やがて雪でも降れば、長期戦は必至である。

九月初旬には近衛信尹周辺で西笑承兌・広橋兼勝・西洞院時慶らを交えて「天下扱之儀」（講和調停）について談合がおこなわれている（『時慶記』九月七日・九日条）。これも結果的には具体的動きにはならないのであるが、戦線が膠着すれば停戦・和議の機会が開かれる可能性があったことは否定できない。その場合、秀頼のいる大坂城に「京方」が再び集結する可能性が高く、「秀頼様御為よきやう二可仕候」（本章2）と述べた福島正則をはじめとする豊臣恩顧の武将たちの心にも迷いが生じることになろう。

また、水責めを恐れて城を放棄するほど「京方」も愚かではない。第二章で指摘したように、伏見城攻撃前後からの「京方」の失策で「関東方」は戦う準備を整える時間を得ることができた。ところが、今度は逆に「京方」がその機会を得ることになったかもしれないのである。九月初旬には大谷吉継も関ヶ原西方の山中に陣所を設けており、美濃赤坂から垂井に陣取る「関東方」が悠長に水責めを仕掛けるとは考えにくい。

その意味で、大垣城攻略戦とは無縁の堀、真田らに水責めの策を語り、大垣城に対峙していた美濃の先手衆には語らなかった、あるいはもとよりその気がなかったのであればおもしろい。

4　前田利長も動く

大谷吉継の仕掛けに敗退したと伝えられる前田利長であるが、金沢に帰還して間もない八月十二日には浅井畷合戦での戦功を賞する感状を家臣らに授与し、翌十三日には能登にいる弟利政に出陣を促す書状を送り、再び松任まで先手を派遣したと述べている（『加賀藩史料』、以下、利長周辺の情報についてはこれに拠る）。

徳川家康も同じ十三日付で利長に北国の情勢を問い、美濃への出陣を促す書状を送り、これに答えた利長の書状に対しては、二十四日付書状で大聖寺での戦功と金沢撤収の判断を賞している。十三日と二十四日。この間に戦況が大きく動いたことはすでに紹介してきた。こうした流れのなかで認められたのが次の書状である。

態飛脚を以申入候、仍今度濃州表為御先手早々被御越、岐阜表之仕合羽越・加左馬𠀋申来候、誠こゝち能仕合可申入様も無之候、がうど川口迄治少罷出候処、御両人川を被越彼人数被追崩、数多被討捕之旨、御手柄共候、就其、すくニ佐和山表可被押寄儀、弥其分候哉、様子承度候、此表之儀、一両日中ニ小松表急度可相働覚悟候、尚追々可申入候、恐々謹言、

羽肥前守
利長（花押）

九月三日
黒甲州様
藤佐州様
御陣所

（『黒田家文書』）

図 13　浅井畷合戦場〔小松市提供〕

【現代語訳】

飛脚を仕立て申し入れます。このたび先手衆が美濃に進軍し岐阜でのお働きについては長岡忠興（羽越）・加藤嘉明（加左馬）より報告を受けています。まことに痛快なお働きに申し上げる言葉もないほどです（お祝い申し上げます）。河渡川（長良川）口まで石田三成（治少）が兵を出してきたところ、ご両人（黒田長政・藤堂高虎）は川を渡り石田の軍勢を蹴散らして多数討ち取られたとのこと、お手柄です。それにつき、速やかに佐和山に攻め込む計画が実現していくのでしょうか。お伺いしたく思います。こちらも一両日中には小松城を攻める準備を進めています。追々またお知らせします。よろしくお願いいたします。

黒田長政・藤堂高虎にあてられ、美濃での戦功を祝い、次の戦略についての情報を求めている。文面からは確認できないが、黒田・藤堂からの戦況報告に答えた返書である可能性もある。美濃での戦況を長岡忠興・加藤嘉明から得ているとか述べているから、利長は美濃に進んだ先手衆から近況を知りえる環境にあったことを確認しておかなければならない。とくに、長岡・加藤と黒田・藤堂の攻口が異なっていたことはすでに紹介した。黒田・藤堂は長岡・加藤とともに福島正則を主将とする部隊に属していたが、大垣からの援軍があることを予想して黒田・藤堂らはこれと別れて河渡口に進んだのである。その点も含め、利長は美濃での戦況を認識している。

また、佐和山へ軍を進める策があったことは、ここでも確認できる。利長はこの策をすでに先手衆から聞いていて、いよいよという空気が行間に漂う。すでに先手衆は大垣城よりも西に進んで赤坂・垂井周辺に展開していたのであるから、勢いを保ったまま一気に佐和山を攻略すれば、大垣城に籠る「京方」と大坂城との通路を絶つことができる。

大谷吉継が関ヶ原西方に陣をとり、あるいは京極高次が大津城で挙兵するのも、大坂城との通路をめぐる「京方」と「関東方」のせめぎあいである。そして家康が、度重ねて「聊爾」を戒めているのも、合戦の詰めを誤らないための手立てである。

ちなみに利長は、九月五日付で江戸の芳春院に付き添っている村井長頼にあてた書状で、越前侵攻から金沢帰還に至る経緯を述べている。これによれば、小松城攻撃に取り掛かろうとしたときに「京方」による本格的な伏見城攻撃が始まったとの報を受け、伏見城支援のために先を急いで八月三日に大聖寺城を攻略したのであるが、伏見城が八月一日に落ちたと知り、さらに越後で一揆（いわゆる上杉遺民一揆）が蜂起したと堀秀治から知らせがあったので、ひとまず撤収し再征の準備を整えたので二、三日中には出陣できるだろうと述べている。利長自身が語った反転の理由ということになる。
ただ、金沢撤収からすでに一カ月近くの時日が流れている。その間、大谷吉継に率いられた「北国口」の「京方」が小松、大聖寺、北庄などを拠点に防衛ラインを維持していたのであるが、岐阜城陥落の報に接して吉継が美濃に移ると、「北国口」の「京方」は大幅な減員を余儀なくされ、その結果利長の再出陣が可能になったのである。

ところが、すでに出陣を促してあった弟利政は、いろいろと理由をつけて兵を出すことを拒んでいた。右の九月五日付利長書状には、すぐにも出陣したいのであるが、利政が兵を出さないので思うように進んでいない。このような事情を家康に説明するわけにはいかないので大変困っている、とある。

九月八日、家康は再び利長に書状を送り、京極高次の挙兵を伝え、利長の出陣を促した。十一日、利長は金沢を発つ。しかし、利政は最終的に参陣しなかった。

急度申候、仍小松宰相方書状指越候間、為披見中納言殿へ進上候、此節有御入魂、先々墓行候様ニ尤候、青木紀伊守も内々申越候間、何様にも中納言可為相談旨申遣候間、其方被致才覚、御入魂候て、早々越前表江御手合候事肝要候、今十三日岐阜着陣候、近日凶徒可討果条、可心易候、恐々謹言、

九月十三日　　　　家康

土方勘兵衛殿

（『古今消息集』）

【現代語訳】

急ぎ申し上げます。小松の丹羽長重（宰相）から書状が届いたので、利長（中納言）殿にお見せするために差し上げます。（長重は帰順を申し出たので）これを機会に親交を結び今後協調していくことを進めるようにしてください。（北庄の）青木一矩（紀伊守）も内々（帰順を）申し入れてきていますので、どのようにも利長と相談するよう指示しました。あなたの工夫で（青木とも親交を結び）早々に（利長が）越前へ侵攻することが重要です。今日十三日に岐阜に着きました。近日「京方」（凶徒）を討ち果たしますのでご安心ください。よろしくお願いします。

土方勘兵衛（雄久）は、慶長四年に前田利長、大野治長、浅野長政とともに家康暗殺謀議をたてたとの嫌疑を受け、常陸に流罪となったが、家康の会津出陣を機に復権し、家康に仕えていた。右の家康書状では、土方が利長と親交があったことがうかがわれる。芳春院とともに江戸に娘を人質とした太田長知は雄久の弟といい、そのような関係で利長と家康を結ぶ役割に任じられた可能性がある。

さて、九月十四日付で家康近臣の西尾隠岐守（吉次）・同藤兵衛連署で長重にあてた書状に、「去月廿二日尊書」を昨十三日に岐阜で拝見した。肥前守（前田利長）殿と和睦したいとのこと、家康も格別満足の様子だとある（『丹羽家御年譜』『加賀藩史料』による）。前掲書状に「小松宰相方書状指越候間」とある長重の書状とは、ここにある「去月（八月）廿二日尊書」を指すとみて間違いない。

二十二日の段階で、福島正則・池田輝政らの先手衆が木曽川を越えたことを長重が察知することは困難であったと考えられるが、大谷吉継が大聖寺城に兵を残して二千余騎で大坂に向かったのが同じ二十二日である（第二章）。長重は大谷の転進に動揺したのであろうか。あるいは浅井畷合戦で干戈を交えた利長との関係修復の機会を探っていたところに大谷の転進が決まり、これを好機とみたか、そのあたりの解釈はさまざまに可能である。

ただ、大谷の転進と長重書状の日付が一致することは偶然ではないだろう。大谷不在という条件で、利長は二度戦って二度勝てる相手でないと判断していた可能性は高い。北庄の青木一矩が病身であることは長重も知っていたはずであるし、また、病の程度とは別に、大聖寺城陥落の経緯を顧みれば、青木の後詰支援は期待できないと判断していたと考えられる。

後日談に属するが、長重は家康に領知を没収されるが、その後大名に復帰し、常陸、陸奥などに領知を得て、最終的に陸奥白河藩主としてその生涯を終える。その間、領知没収後各地に点々として命をつないでいた旧家臣たちが長重を慕って集まり、長重も彼らを仕官させたという。無謀な戦いを避け、生きる選択をしていなければ、こうした美談も生まれなかっただろう。

本筋に戻る。十八日、利長が小松に入り、丹羽長重と人質と起請文を交換して盟約を明らかにした。長重の弟長紹（長次）、利長の弟利常がそれぞれ人質となっている。これを見る限り対等な盟約関係であり、長重が利長に屈服したようにはみえない。すでに関ヶ原合戦の結果は出ていたのであるが、長重もまた利長とともに家康に対面するため西への道を急ぐことになる。

尚々るすの事たのみ入候、
わさと申入候、小松表すみ候、明日大しよう寺までちんかへ申候、左候時は越前もきをひ有ましく候

間、すくにきの本へ出可申候、跡の事たのみ入候、かわる事追而可申入候、以上、

九月十八日　　　　　　　　はひ利長　判

石見守殿

（『高畠氏所蔵文書』『加賀藩史料』による）

【現代語訳】

折り入って申し入れます。小松表（丹羽長重との和議）のことが済みました。明日、大聖寺に陣替えします。そのように（軍を）進めたならば、越前（北庄青木ら）も争う気持ちを失い、まもなく（近江）木之本まで進軍できると思います。あとのことを頼みます。何かあればまた連絡します。

（追伸）なおなお留守のことをよろしくお願いします。

利長が小松から金沢の留守居高畠定吉（石見守）に送った書状で、小松での和議が無事成立し、越前にこれから進むにあたり、楽観的な見通しを述べている。高畠は利長が最初に越前侵攻を試みた折にも留守居として金沢に留まった老臣である。

越前北庄の青木一矩の病は重篤であり（十月死去）、利長は北庄城下を通過して近江に向かったと伝えられる。利長が長重を連れて近江大津で家康に会うのは二十二日。利長は四万騎の大軍を率いて家康を供奉し、とともに大坂に入る（『義演准后日記』九月二十六日条）。利長の弟利常と、徳川秀忠の娘（珠姫）との婚約が成るのは十一月十日のことになる。

こうして、慶長四年九月に前田利長が家康暗殺謀議に加担したという嫌疑をかけられ、母親（芳春院）と重臣の家族を江戸に人質として置くことになったことから始まる、前田家の関ヶ原合戦が終結したのである。

5　京極高次、大津城に籠り「関東方」の旗を上げる

少々時を遡る。慶長五年六月、家康が会津に出陣の途次大津城に立ち寄った。高次は昼膳を用意してこれを迎えた。高次は家康とともに会津に向かうことを希望したが、家康は、上方が心許ないとして、大津は枢要の地であるから万一の時はよろしく頼むと、高次に大津残留を依頼し、代わりに弟の高知を従軍させることにした。高次はまた家臣の山田大炊（のちの多賀越中）を人質として家康に帯同させたが、七月二十二日、高次のもとから石田三成の「逆心」を伝える「脚力」（急使）が到着すると、家康は高次への伝言を山田に託して大津に戻し、山田は八月二日に大津に着いたという（『譜牒余録』『京極家譜』）。

家康はさらに同月二十六日付書状で、「申談の筋目一途の御心底」、すなわち大津で家康が高次に依頼した役割を忠実に果たしていることに感謝し、高知を先手衆に加えたと述べている（『譜牒余録』）。高次は当初から家康支持であった可能性が高いようにみえる。

ところが、高次は「京方」に属して八月十日に堅田まで出陣し、越前に布陣することになる（第二章）。何があったのか。『寛政重修諸家譜』の高次伝には以下のようにある。

七月、「京方」の氏家行広（妻は高次の妹松雲院）から「大坂一味」となることを求められたが、相手にせず、家臣の小川直元を関東に遣わして家康に報告した。ところが今度は、大谷吉継の手配で朽木元網

（高次の妹マグダレナは元網の子宣綱の妻）から誘引があり、子息を人質として大坂城に送ることを求めてきた。高次は家臣らと相談して養子喜三郎を人質とすることを決したが、養子では人質の要件を満たさないとして断られ、結局実子の熊麻呂（忠高）を送ることにし、石田三成も佐和山に赴く折に大津城を訪れ、「京方」への合力に礼を述べたので、経緯を家臣の大山惣右衛門を関東に遣わして家康に報告し、高次は「計策」のため朽木とともに北国に出陣した、と。

江戸時代に京極家の申告を基礎に綴られた伝記であるから、信頼性という点では疑問符がつけられる。しかし、「京方」の動きがそのようなものであり、高次がこれにどう応じたかという文脈は自然である。関東に遣わした家臣の名も記しており、少なくとも江戸時代の京極家ではこのように伝承されていたことは疑いない。氏家行広・朽木元網とともにこの時点で「京方」であり、縁戚を通じた合力要請は常道である。

ちなみに、石田三成が大津城を訪れたことは軍記類にもみえる。三成は高次が「関東御一味」との雑説が流れていることを「気の毒」と語り、高次が人質を差し出したことに対してはいつになく慇懃に謝辞を述べたという。ただ、高次が大坂に出仕しないことに怒りを覚えた三成が、兵を差し向けて高次に腹を切らせようとしたのを大谷吉継が制止して事なきを得たことがあり、高次もこれを知っていたけれども、平静を装い三成を迎えたという（『落穂集』）。軍記類の載せる逸話ではあるが、三成は八月五日に大坂から佐和山城に戻っている（『義演准后日記』）。高次が八月十日に堅田まで出陣した事実とも矛盾しない。高次もまた吉川広家のように心と体の分離に悩みながら、「京方」に身を置いていたようである。

しかし大谷吉継が「北国口」の陣備えを解くと、高次はこの機を逃さず、美濃へ向かう大谷軍から兵と

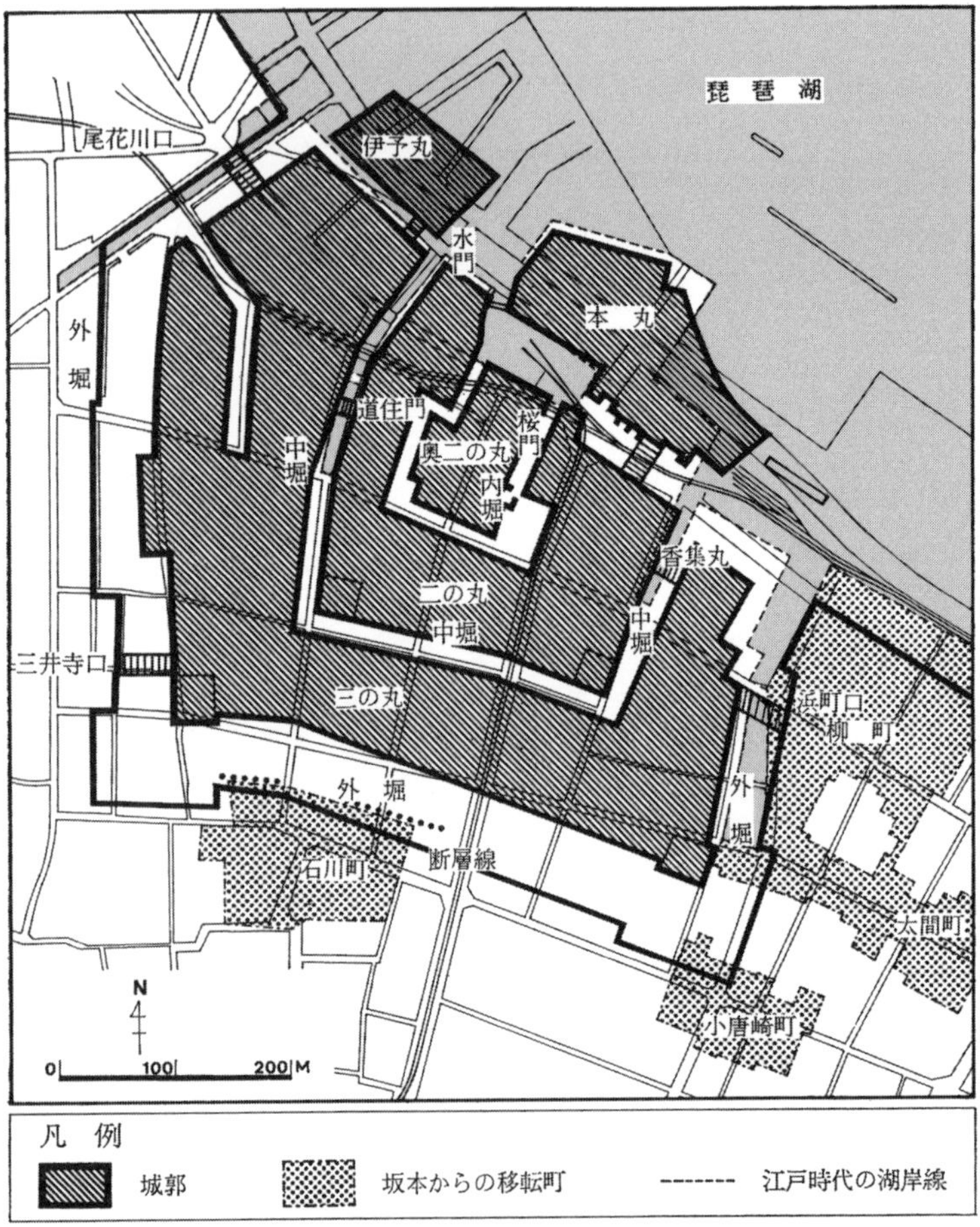

図 14　大津城復元図（大津市『新修大津市史 3 近世前期』1980 年）

ともに離脱し大津に籠城し「関東方」の旗幟を鮮明にする。再び『寛政重修諸家譜』の高次伝によれば、高次は殿（しんがり）に位置して本隊より一日遅れで行軍していたが、九月二日に近江国東野（長浜市余呉町東野）で別れ、海津より船に取乗り、湖水を渡り、三日の暁大津城に着したという。

東野からであれば、塩津や飯浦が近い。しかし、美濃に向かう軍勢からは距離をおいた海津に大津への船便を用意した可能性がある。ちなみに、偶然ではあろうが、海津は高次の妹（龍子、松の丸）の夫武田元明が秀吉の命で自刃させられた地でもある。

さて、高次は大津に帰還してまもなく家康に書状を送り帰還と籠城を報じたようである。家康はこれに答えて激励し、さらに高次の書状を伊達政宗・最上義光に回覧している。

〔A〕

切々使札御懇意之段、難申尽候、去三日大津江被打返、手切之行可有由、修理殿、井伊兵部方より申越候間、一刻も出馬急申候、中納言ハ中山道罷上候、我等ハ今日七日、至遠州中泉着陣候、委細修理殿可被仰候間、不能具候、恐々謹言、

九月七日　　　　　御名乗御直判（家康）

大津宰相殿

（『譜牒餘録』）

〔B〕

追而申候、此書状最上へ御届候而可給候、以上、

急度申入候、大津宰相以日来好味、此方と同意被成、去四日手合ニ候、京極殿書状、為御披見進候、其元無油断御行等肝要候、恐々謹言、

九月七日　　家康（花押）

大崎少将殿

（『伊達家文書』）

〔C〕

急度申

一、備前中納言・島津兵庫・石田治部少、大柿へ追籠、切通路陣所候事、

一、就夫、父子共令出馬候、其口政宗相談、無油断行等分別尤候、

一、大津宰相此間ハ越前在陣之処、日来無等閑故、大津へ帰城、今月三日手合被申候、恐々謹言、

九月七日　　家康

最上侍従殿

（『柳新三郎所蔵古文書』『新編会津風土記』所蔵）

【現代語訳】

〔A〕

しきりに使者を遣わし（上方の）情勢をご報告いただきありがとうございます。去る三日に大津に戻り、（「京方」）から離反（籠城）の計画であることは、京極高知（修理）殿、井伊直政から報告をうけましたので、（家康も）一刻も早くそちらに向かうことにします。秀忠（中納言）は中山道を西上していいます。私は今日七日に遠州中泉（静岡県磐田市）に到着しました。委細は高知殿から伝えることになっていますので、省略します。よろしくお願いします。

〔B〕

急ぎ申し入れます。京極高次がこれまで維持してきた信頼関係に基づき味方となりました。四日に確認しました。高次殿の書状をご覧いただくため差し上げます。そちらも油断なく（上杉軍への）対応をされることが重要です。よろしくお願いします。

（追伸）この書状を最上義光にも届けてください。

〔C〕

急ぎ申し入れます。

一、宇喜多秀家・島津義弘・石田三成を大垣城に追い籠め、通路を遮断し陣を構えています。

一、そこで家康・秀忠父子ともに出陣しました。そちらのことは伊達政宗と相談して油断なく対応する覚悟をされるように。

一、京極高次はしばらく越前に滞陣していましたが、日ごろの信頼関係に揺るぎなく、大津城へ帰還し、今月三日に（「関東方」に味方する）意思を明らかにしました。

「手合」をここでは盟約関係の確認という意味にとっている。C三日、B四日と異なる点がやや気になるが、家康の錯誤という可能性を排除すると、高次が「手合」を申し出たのが三日、家康がこれを歓迎して盟約が確定したのが四日という理解でよいと考える。

今その詳細を述べることを省くが、伊達と最上の関係は歴史的に常に良好であったわけではない。室町時代の羽州探題の系譜をひく最上義光と、奥州探題の系譜をひく大崎氏を屈服させて「大崎少将」となった伊達政宗としてこの時点でもその勢力は拮抗していた。家康はそうした関係を前提としながら、おそらくは遠交近攻の理（利）に則り、ともに上杉への対抗勢力と位置づけていたのである。

したがってBCには、京極高次がいよいよ味方についたことで、今後の戦いでも「関東方」が優位に立つことを示し、家康・秀忠不在の関東を脅かし、あるいは奥羽地域を再び戦乱の地とする力をもつ最上・伊達の動きを封じる狙いがあった。わざわざ高次の書状を回覧し、さらには伊達に届けた家康書状を最上にも見せるという措置は、徳川・最上・伊達の間に疑心を生じさせないための工夫である。

三枝源三罷帰、其表之様子承令満足候、然者濃州一篇申付、大柿城に備前中納言・石田治部・嶋津・小西以下取籠置候得者、為後詰敵罷出候所をくい留置候由申来付而、為可討果、以夜次日罷上候、殊大津宰相も罷帰色を立候、其許早々御手合之儀尤存候、為其申入候、恐々謹言、

九月八日　　判（家康）

加賀中納言殿

（『国初遺文』『加賀藩史料』による）

【現代語訳】
（使者として遣わした）三枝源三が戻り、そちらの様子について報告を受け、喜んでいます。さて、美濃を一気に攻め、（先手衆が）大垣城に宇喜多秀家・石田三成・島津義弘・小西行長らを取り籠め、後詰の敵が出てくるのを食い止めると伝えてきましたので、（大垣城の敵を家康が）討ち果たそうと、夜に日を次いで西上しているところです。とりわけ京極高次が（大津で）兵を挙げました。あなたも早々に兵を進めてください。そのことを伝えるため書状を届けます。よろしくお願いします。

佐和山と大坂を分断し、琵琶湖水運を押さえて越前と美濃を結ぶ物流経路の要地である大津に「関東方」の軍事拠点が構築された意義は大きい。家康は京極高次の挙兵を前田利長にも伝え、「関東方」の優位を示して利長の出陣を促したのである。

家康は八日の時点で遠江白須賀（静岡県湖西市）に到達しており、翌九日には岡崎に入る。ただ、すでに関ヶ原西方の山中には大谷吉継が布陣し、関ヶ原の東南に位置する南宮山には毛利秀元・吉川広家らが伊勢から移動して陣営を構築していた。こうした情報を家康も察知していたと考えられるから、家康も「早々」の出陣を利長に求めたのである。

毛利・吉川は少なくとも伊勢では「京方」として戦果を挙げてきている。福島正則・池田輝政らの先手衆は大垣城攻略を目的として赤坂・垂井に布陣しているから、南宮山の毛利・吉川らが「京方」として動けば、強力な後詰軍として機能し、福島・池田らの苦戦は必至である。黒田長政らが吉川広家を通じて毛利一族の動きを封じる策を施していることは家康も熟知し、期待を寄せていたが、八日の時点で、その成功についての確信はなかったと考えられる。前田利長の来援が実現すれば、家康にとっては心強い。

しかし、すでに紹介したように、利長が越前を抑えるのは最終的には関ヶ原合戦後のことになる。これが家康の誤算にならなかったのは、小早川秀秋の反転を含め、黒田長政らの策が功を奏し毛利一族が敵にはならなかったことと、大津城に毛利元康・立花宗茂・小早川秀包ら「京方」の猛者たちを引き付けて関ヶ原に向かわせなかったことによる。

大津城はもとより琵琶湖水運を経由する物流を抑える拠点として構築されている。したがって、要塞としては十分機能しない可能性があった。京極高次は朽木元網の説得に応じて人質を大坂城に入れる決断をした折に「城塁いまた修せす、要害全からすして籠城なしかたし」(『寛政重修諸家譜』)と判断して、人質要求に応じ、時間を稼いだという。また、その一方で、七月のうちに米手形で大津町中の米を城に集め、籠城戦に備えて大津の町衆を立ち退かせ城の周囲を焼き払ったという(『石川忠総留書』など)。

大津城が降伏、開城するのは関ヶ原合戦の当日、九月十五日である。

6　加藤清正、家康に決意を伝える

黒田如水、松井康之らと連携して九州での戦いに身を投じる覚悟を決めていた加藤清正であるが、家康からは軽挙を戒められていたようである。清正の心情を語る書状である。

〔A〕

女共罷下ニ付其注進として大坂への便宜ニ遣候、大坂ゟ才覚仕遣候へと申遣候、

跡書

態致言上候、何方迄被成御出馬候哉、承度存申上候、

一、拙者女房共、今月朔日熊本ニ至而召寄候、若御気遣被思召候ハんかと存、申上候事、

一、従奉行衆我等かたへ申談候ハんとて、毛利壱岐守を差下候由候、書状ハ相越候へ共、其身ハ小倉在之由候、其後去月晦日ニ大坂我等留守居之ものニ申付、互之誓紙之案文差越、秀頼様へ御忠節此時之間、家老之者共人質をも出、罷上御奉公申候様ニと被申越候、于今不能返事候、様子ニゟ如水申談、返答可申遣候、か様之儀、若御耳ニたち候共、被成御不審間敷候、重々如水と申合在之事候間、御心安可被思召候、再三申上候へ共、于今一人も不罷戻候、小山ゟ被下候我等もの一人参着候、其以後又一人進上申候、重而又如水申談一人ツヽ進上候事、

一、此面之儀、尾州清須島へ被成御着候御一左右承候、いつれの道とも此隣国可申付と存、如水申合候て罷在候、聊卒爾之儀仕間敷候条、御心安可被思召候、委儀ハ右如水相談進上申使口上ニ申含候、此等之趣可然様ニ御披露所仰候、恐々謹言、

加藤主計頭
清正　判

九月七日

本多佐渡守殿
西尾隠岐守殿

〔B〕

急度致言上候、今度無二御奉公申上心底立御耳、御判頂戴之後、御前ニ付置候小姓、昨日罷下、口上ニ申聞候、誠忝御諚共、可申上様無御座候、於此面之儀者、聊無越度様可申付候条、御気遣被成間敷候、将又大坂ゟ我等女房共仕合能罷下候条、御心安可被思召候、然者、先度拙者もの小山ゟ被仰付被成御下シ候口上ニ、尾州表迄不被出御馬已前ニ卒爾之働仕間敷之趣被仰下ニ付而、今迄相ひかへ申候、はや尾州迄被出御馬、濃州江御勝手之様子も相聞候条、此方角之儀、如水申談、急度相働、無程隣国申付、御注進可申上候、此等之趣可然様ニ御披露所仰候、恐々謹言、

九月十一日

本多佐渡守殿
西尾隠岐守殿

（『黒田家文書』）

【現代語訳】

〔A〕

妻たちが戻ったのでその報告のため大坂への音信として（本多・西尾あての書状を）遣わします。大

坂（留守居）の工夫で（本多・西尾に）届くようにと指示しました。

跡書

格別にご報告します。（家康は）どこまで出陣されているのでしょうか。お知らせいただきたく思います。

一、私の妻たちが今月一日に熊本に到着しました。ご心配いただいているかと思い、ご報告申し上げます。

一、奉行衆から我らへ申し入れることがあるので毛利吉成（壱岐守）を派遣するということですが、書状は届いていますが吉成自身はなお（居城である）小倉に居るようです。その後、先月（八月）晦日に（加藤清正の）大坂留守居の者たちを通じて誓紙の案文が届けられました。秀頼様への忠節に励むのは今であるから、家老たちの人質を差し出し、大坂に上りご奉公せよと言ってきています。返事はまだしていません。様子を見ながら黒田如水と相談し、返答したいと考えています。こうしたこと（奉行衆からの要請が届いていることなど）が、もし（家康の）御耳に届いているかもしれませんが、不審に思われませんよう願います。如水と親密に相談しながら対応しておりますのでご安心ください。再三（使者を遣わしこのことを）申し上げておりますが、いままで一人も（熊本に）戻っておりません。（下野）小山から戻していただいた使者が一人戻っておりますが、その後また一人遣わしています。（今後も）重ねて如水と相談して（それぞれ）一人ずつ（使者を）遣わします。

一、こちら（九州）の様子については、（家康が）尾張清州（島）へ着かれた折に指示を承ります。

（指示があれば）どのようにも隣国を制圧する覚悟で如水と相談しています。軽率な行動は控えますのでご安心ください。詳しいことは、如水と相談して遣わしました使者の口上をお聞きください。これら（書状）の趣旨を適切なご配慮にて（家康に）ご披露ください。よろしくお願いします。

〔B〕

急ぎ報告します。今度無二の御奉公を励む決意をお聞き届けいただき、（領知安堵の）判物を頂戴いたし、さらに（家康の）お側につけておりました小姓が昨日戻り、その口上を聞かせていただきました。まことに忝い仰せに感激しております。こちらのことについては、少しの手違いもないよう指示しておりますので、ご心配はいりません。また、私の妻らが幸いにも（熊本に）戻りましたので、ご安心ください。さて、先に（清正の）手の者を（下野）小山からこちらに下された折の口上には、（家康が）尾張に到着するまでは、軽率な（軍事）行動を禁じるとありましたので、今迄動くことを控えていましたが、早くも（家康は）尾張に着かれ、美濃へも進まれると聞いております。こちらのことは如水と相談して、早速にも軍事行動を起こし、間もなく隣国を制圧してご覧にいれます。これら（書状）の趣旨を適切なご配慮にて（家康に）ご披露ください。よろしくお願いします。

熊本に居る加藤清正が徳川家康直臣の本多正信・西尾吉次に届けた書状である。Aでは家康の近況を問い、Bでは「無二の御奉公」を九州で励む決意が述べられている。第一章でも紹介したように、九州における「関東方」の戦いが黒田如水を中核にして進められたことや、秀頼への忠節をもとめる大坂奉行衆からの要請がしきりに届いていたことも示されている。加藤清正も会津への出陣を望んでいたが、家康から熊本への帰還、待機を指示され（五月十七日付、島津義久あて島津義弘書状、『薩藩旧記雑録』）、熊本に戻っていた。

Aは第一条に清正の妻が無事熊本に戻ったことが述べられ、Bでも繰り返されている。清正は最初の妻（山崎片家の娘、第一章参照）の死後、正室として徳川家康の養女（水野忠重の娘）を迎えていた。豊臣秀吉の死後まもなくのことである。同じ時期に福島正則の子息（養子）正之も家康の養女（松平康元の娘）を正室としており、石田三成らはこれらを家康が天下を総攬していくための布石と解して警戒し、非難したことが知られている。

清正の妻は、七月三十日の時点でなお大坂に居た可能性が高い。同日付の松井康之・有吉立行等連署書状（長岡忠興家臣の加々山少衛門・牧新吾あて、『松井文庫所蔵古文書』）には、「加主御女房衆ハ大坂ニ御入候」とある。黒田如水の妻たちは、すでに紹介したように、長岡忠興大坂屋敷の騒動（ガラシャ事件）に紛れて大坂を脱出したと伝えられているから（第一章）、大坂脱出の時期はこれより大きく遅れたようだ。

『黒田家譜』は、清正の家臣で大坂留守居の梶原助兵衛の才覚で大坂屋敷を脱出し、舟で九州に向かったが、肥後熊本への便宜がよい豊後には敵が多く舟が付けられなかったので、やむを得ず豊前中津川（中津）に上陸し、黒田如水の家臣梶原八郎大夫の屋敷に寄宿した。如水はこれを聞いて使者を遣わし、衣類などを提供し、さらに子息長政の妻とともに帰還した局（侍女）をつけて熊本まで送り届けたと語る。また、清正の妻とともに戻った梶原助兵衛は、梶原八郎大夫の妹婿であり、その縁で寄宿先となったことも紹介している。

内戦を潜り抜けた女性の旅程を考えることは容易ではないが、清正の妻が七月三十日まで大坂を動いていない前提で、風待ちや「京方」の警戒への対応を考慮し瀬戸内海の海路に五日ほど、中津での滞在と熊本までの陸路を十日ほどと考えると、九月一日に熊本に着くには、遅くとも八月十五日以前に大坂を出ている必要がある。八月一日に伏見城が落ち、北陸や伊勢への出兵準備など、「京方」は次の軍事行動に移る最中である。石田三成らが大垣城に入るのが十一日であるから、人と物の移動が激しい空間に紛れて大坂を脱出する機会が開けた可能性はある。

ところが清正は、黒田如水の配慮をうけて妻を熊本に下したことを不満として、梶原助兵衛を叱り飛ばしている。親にも隠し、いつ下ったかわからないように送り届けるべきところ、中津から「つほね」（長政妻の侍女を指す）を伴うなどは沙汰の限り（とんでもないこと）だと断じている（九月一日付、梶原助兵衛らあて清正書状、『黒田家文書』）。

しかし、清正はその妻の無事帰還を本多・西尾を通じて家康にまず報告し、これで戦いに専心できるとの想いにあふれた文面を認めた。清正はすでに家康に賭けた。福島正則や黒田長政らはすでに家康の期待に応えていた。清正もという想いは強かったはずである。

Aで家康が今どこに居るのか問う言葉があるが、これはBに、家康が小山から戻した清正の家来の口上に、家康が尾張に入るまでは決して動かないよう命じる内容が含まれていたからである。Bでは、すでに家康が尾張に到着したことを知り、如水と相談していまにも隣国に攻め入り制圧する用意があると述べている。家康が尾張熱田に入るのは十日のことであるから、これが速報されたとしても、十一日付の書状に家康の尾張入りを載せることは困難である。Aに対する返書の存在は確認できないが、「相聞候」に清正の推量の域を加えれば、そろそろ尾張から美濃にかかる頃であると聞いているので我等は合戦を始めるという通告にも読める。

豊後の旧主大友義統は「京方」の支援のもと、すでに豊後に入っている。九月九日には豊後立石（大分県杵築市）に陣を設けていた。黒田如水・松井康之らが義統と石垣原で戦うのは十三日のことになる。清正はこうした情勢を如水らから伝えられていたが、熊本からは遠く、家康が尾張に着くまで動いてはいけないという指示を遵守していたら間に合わないという焦りがあったと考えられる。事実、清正は如水らを支援するため兵をおくったが、石垣原合戦には間に合わなかった。

ちなみに、Aにみえる「小山ゟ被下候我等もの」、Bの「御前ニ付置候小姓」は、それぞれ清正の家臣らと考えられる。京極高次が会津に向かう家康に家臣の山田大炊を付け、これが家康の指示を携えて大津に戻されたように、人質としての役割とともに、要件を伝える使者として機能したのである。「小山ゟ被下候我等もの」は、家康が尾張に入るまでは軽率な軍事行動を控えるべき旨の口上を携え、「御前ニ付置候小姓」は、内容は不明ながら清正が「誠忝御諚」と感激する家康の言葉を伝えた。

なお、「小山ゟ被下候我等もの」は、おそらく家康が小山を発ち江戸に向かう八月四日前後に戻されたと推定される。江戸に向かうことを決めた家康が伊達政宗に送った書状には、駿河から尾張清州までの城に人を入れ家中人質を取置くとあり、清州を前線基地とし、清州に至る東海道筋を抑える策が示されている（八月二日付、『伊達家文書』）。福島正則・池田輝政らの先手衆が東海道筋を抑えながら清州に集結し、家康の催促に応じて木曽川を渡る流れは、すでに構想され実行されていたようである。そして、そのうえで、清正には家康の尾張入りを待って戦端を開くことを伝え、いよいよ木曽川を渡り岐阜城を陥落させた先手衆にも、家康の到着まで軽挙に走ることがないよう指示しているわけである。このあたり、豊臣恩顧の武将たちの心を読み、探りながら、慎重に事をすすめる家康のしたたかさがみえる。

起請文前書之事

一、秀頼様御幼少ニ付而、大閤様御置目をそむき内府公へ別心仕候衆有之ニ付而、大閤様御遺言を被相立、秀頼様御奉公可被成ニ付而、無二内府公へ可有御一味之旨、為其験人質被差越候、後日に内府公へ御存分之通可申達候事、

一、如此内府公へ御一味之上者、向後如何様之儀候共、見はなし申さす、御身上之儀可成程馳走可申事、

一、万事　公儀之御為、貴殿御為ニ罷成儀ニをいてハ、無隔心可申入候、然上者表裏ぬきくし仕間敷事、

（神文略）

右条々聊以不可有相違、若於偽申者、

慶長五年九月十五日

加藤主計頭

清正（血判、花押）

中川修理大夫殿

（『中川家文書』）

【現代語訳】

一、秀頼様が御幼少であることから、太閤（秀吉）様の決定事項に背き、家康に反逆する者（石田三成ら「京方」）があるので、太閤様の御遺言を尊重し、秀頼様への御奉公を励むためひたすら家康へ一味することを決意され、（清正に）人質を差し出されました。後日あなたの決意は家康に必ず申し届けます。

一、家康に一味された以上、今後はどのようなことがあっても見放すことはありません。あなたの立場が保たれるよう尽力します。

一、万事は公儀（秀頼）のため、あなた自身のためになることであれば、すべて隠さず報告します。そのようにすればお互いに信頼が深められます（「表裏ぬきくし（抜公事）」）。

美濃関ヶ原で最終決戦がおこなわれた同じ日の日付で加藤清正が中川秀成に授けた起請文である。秀成は石垣原合戦に家臣が大友方（「京方」）となるなど、その去就が定まらないところがあった（第二章）。石垣原合戦で大友が敗退した直後に、清正は秀成から人質を取り盟約の証とし、起請文を授けたのである。

石田三成らを秀吉の決定事項に背いた反逆者と断じ、家康を支持して反逆者を駆逐することが秀吉の遺言に応えることだという文脈は、福島正則の「秀頼様御為よきやうニ可仕候」（本章2）という文言に通じる。家康を支持した豊臣恩顧の武将たちが、秀頼のための戦いを遂行しているという意識を共有していたことがここにも鮮明に示されている。

すでに指摘したように、豊臣恩顧の武将たちが家康を支持して戦地に赴き、命を懸けた戦いに従事しているのは秀頼のためだという理屈は、家康自身が彼らに吹き込んだものかもしれない（本章2）。しかし、豊臣恩顧の武将たちも愚かではない。事実そうはならなかったのであるが、家康が勝利したのち、秀頼を補佐する役割に徹して豊臣政権の存続に貢献しても、あるいは、事実そうなったのであるが、家康が天下人となって秀頼を葬り去ることになっても、自分たちの居場所は確保できる、と考えていたはずである。彼らもまた、したたかにならざるをえなかったのである。

関ヶ原合戦に勝利し佐和山城を十七日に陥落させた徳川家康は、十八日近江八幡、十九日草津を経て、二十日に大津城に入る。そして、山科に関を設けて軍兵の入京を禁じ、大坂への示威行動であろうか、伏見の大名屋敷を焼く（『板坂卜斎覚書』『義演准后日記』）。家康は再び慎重な歩を進めていた。

家康が大坂城に入り豊臣秀頼と会するのは二十七日。関ヶ原合戦当日から十二日目、佐和山城攻略から十日目のことである。もとより佐和山から大坂に出るのであれば、舟を使えば早い。ところが家康は陸路を先々を確かめるような行程で大坂に近づいていくのである。

ただ、家康が大津城に入った二十日、後陽成院は勅使勧修寺尹豊を家康に遣わすことを決め、尹豊は二十三日に大津で家康と会う。おそらくはこれを機に、石田三成・大谷吉継・毛利輝元らを「京方」あるいは「秀頼様衆」と呼んできた公家・寺社衆の態度は大きく変わる。

醍醐寺三宝院の義演は、九月十五日に伏見から舟で大坂に下向し、翌十六日、大坂城で十五人の経衆とともに大般若経転読を挙行した。そして十七日、帰路で「京方悉破軍之由」を確認し、急いで寺に戻る途次に落武者を多数目撃している。大津城攻撃に従事していた毛利元康が引き揚げてくるというので早々に什物を避難させる用意をし、南宮山を撤収した毛利秀元の二万ばかりの兵が琴弾山に陣取るなど（十八日）、山科・醍醐周辺に軍勢が陣取り、随心院も「濫妨」を受ける始末であったので、福島正則・池田輝政の禁制、さらには家康の禁制を得て「安堵」している（十九日）。しかし、二十日には「山上へ五六百人濫妨」があり、その後も混乱は収まらなかったようだ。

義演は「建武・応仁ノ大兵乱」もこれには及ばないと評し、一命を懸けて秀吉が整えた伽藍を守る決意も述べているが、二十三日には家康家臣の松平忠吉に警護を申請して、「木練」（甘柿）と銭を忠吉と井伊直政に届け、二十四日には大津城に居る家康のところへ挨拶に出向いている。

十八日の日記では、毛利秀元と吉川広家が「唐口」（虚口）を弄して降参したことを「比興」（この場合は卑怯と同義）と非難した義演であるが、大津城で近衛信尹・聖護院道澄らとの雑談のなかで、家康が公家衆への加増を約束していると聞き、「珍重」と安心している（以上、『義演准后日記』）。

しかし大津は惨憺たる有様であったようだ。大津籠城戦の影響で、瀬田から三井寺にかけて苅田がおこなわれ、京極高次は大津の町衆を避難させて町を焼き払っている。城も矢攻めへの対策で屋根をまくり上げてあったので、家康は門脇の長屋に居場所を求めなければならなかったようである（『板坂卜斎覚書』）。しかし家康はここに六日間留まる。

その間、大津城攻防戦に敗れ、高野山にあった京極高次を帰還させようとしたようであるが、高次はこれに応じることはなく、大津で高次が家康に会うことはなかった。しかし、十九日に小西行長、二十一日に石田三成、二十三日に安国寺恵瓊がそれぞれ捕縛され、二十二日には前田利長が大軍を率いて大津に到着している。

一方、大坂城に居る毛利輝元についても、黒田如水・長政父子が吉川広家を通じて工作を続けてきた最終成果がいよいよ整えられていく。二十二日、井伊直政・本多忠勝らと取り交わした起請文の前書には、現状の領知を維持する条件で輝元が家康に大坂城西の丸を明け渡すことが載せられている。次いで、二十五日付池田輝政・福島正則・黒田長政・浅野幸長・藤堂高虎連署起請文には、井伊・本多と取り交わした起請文に偽りないことを保障する文言が載せられた（『毛利家文書』）。すでに石田三成・大谷吉継らが大坂城に戻ることはないから、輝元に秀頼を擁して戦う意思がなければ、領知安堵の約束を信じて城を去る以外に採るべき道はなかった。

これで「京方」の組織的反攻、あるいはテロへの警戒が解けたのであろうか。二十六日、家康は大津城を発ち淀城に入る。供奉するのは四万の大軍を率いた利長である。義演は二十六日の日記に、未確定情報ではあるが、輝元は西の丸を出て下屋敷に移り、増田長盛は高野山に入り、秀頼とその近習は本丸に居ると記している。大津で六日間家康は何を待っていたのか、明快である。

二十七日、家康は大坂城に入る。山科言継は日記に「内府大坂へ御出也云々、秀頼卿和睦也」と記した。石田三成・大谷吉継・毛利輝元らを「京方」、あるいは「秀頼様衆」と呼んでいた公家衆の認識として自然である。秀頼と家康が敵対したという前提がなければ「和睦」はない。

「和睦」という認識が誤っているのか、「関東方」が掲げた秀頼のための戦争という大義が欺瞞なのか。その議論はしかし不要である。それぞれの大義を掲げて戦い、勝ったものの大義が生き残り、正当性を獲得するのが戦争だからである。

ところで、吉川広家が望み、起請文を取り交わして約束したはずの輝元の本領安堵は成らなかった。黒田長政から広家に届いた書状には、輝元が「諸法内通之廻状」に輝元の花押がたしかに据えられてあり、さらに四国へ兵を進めていたことが明らかになったので、領知没収は必至。井伊直政と相談してなんとか中国のうち一・二国を広家に与えて忠義に報いたいとあった（十月二日付、『吉川家文書』）。広家は黒田長政・福島正則に起請文を捧げて弁明し、毛利家あっての吉川家であるので広家が得る領知を輝元にと嘆願（十月三日付、『吉川家文書』）。結果、これが許されて輝元は周防・長門の二国の領知安堵を得た話はよく知られている。

輝元が失った安芸には福島正則が入り、海を隔てて接する伊予に藤堂高虎、豊前に長岡忠興、筑前に黒田長政が配置される。これも戦争の現実である。

さて、こうして徳川家康は天下人となる。これまで本書で述べてきた家康の行動を総括すれば、その深慮遠望を湛えた選択の確かさが彼を天下人に押し上げたということになるのかもしれない。

しかし、家康の選択だけが歴史を動かしたわけではない。本書で取り上げた人びと、その他、「京方」「関東方」を問わず、それぞれの選択の総和が関ヶ原合戦の帰趨を決めたのである。

もし、本書を通じて家康だけが迷っていないと感じられたら、残された史料にミスリードされている可能性に想いを馳せていただきたい。

付表 関ヶ原の戦い関連年表

年	月	日	動向
慶長3	8	10	秀吉の病重篤により、病中は知行方その他既決事案の変更を止め、回復後裁断を仰ぐことを決める。
		18	豊臣秀吉没。
			この月末、浅野長吉・石田三成らが朝鮮出兵収拾のため九州へ向かい発つ。
	9	3	徳川家康・前田利家・毛利輝元・上杉景勝・宇喜多秀家と徳善院（前田玄以）・浅野長吉（長政）・増田長盛・石田三成・長束正家とこの日付で誓紙を交わし、秀頼への奉公、政務運営の基本原則を確認する。
		17	上杉景勝が会津を発ち伏見に向かう。
	10	15	徳川家康・前田利家ら朝鮮出兵の諸将に、明軍撤退次第、釜山への撤収、帰国を命じる。
	11	18	島津義弘ら南海島合戦で朝鮮水軍を破る。20日、義弘巨済島を発ち帰国の途につく（12/10博多着）。
		26	小西行長ら釜山浦を発ち帰国の途につく。
		27	加藤清正朝鮮より帰国、壱岐に着く。
慶長4	1	1	諸大名が伏見城の豊臣秀頼に年賀のあいさつに集まる。
		10	豊臣秀頼が伏見城から大坂城に移る。
		19	前田利家・宇喜多秀家・上杉景勝・徳善院・浅野長吉・増田長盛・石田三成・長束正家ら、徳川家康が伊達政宗・福島正則・蜂須賀家政らと姻戚を結んだことを、秀吉の置き目に背くとして糾弾。家康弁明。
		29	徳川家康と石田三成らとの対立激化。榊原康政ら「関東衆」が多数上洛する。
	2	2	前田利家・宇喜多秀家・上杉景勝・徳善院・浅野長吉・増田長盛・石田三成・長束正家らと徳川家康と和睦。誓紙を交わす。
	3	9	島津忠恒が重臣伊集院忠棟（幸侃）を伏見邸で誅殺する。忠棟の子息忠真は日向で反乱をおこす（20日、庄内の乱、～慶長5/3/10）。
		23	加藤清正・黒田長政ら小西行長と朝鮮出兵での戦功を争い敗訴。再審を家康らに求めるという。
	③	3	前田利家没。加藤清正・黒田長政・福島正則・長岡忠興・浅野幸長ら七将が石田三成殺害を企てる。三成は大坂を脱出して伏見城に難を逃れ、家康仲介により佐和山へ引退（10日）。
		13	徳川家康が伏見城に移る。
		19	朝鮮出兵の折、福原長堯・熊谷直盛ら目付衆が、加藤清正・黒田長政・蜂須賀家政らの軍功を報告しなかったことが糾弾され、福原らは領知を没収される。
	7	28	上杉景勝が会津帰国のため大坂城の秀頼に暇乞いの挨拶をするという（8月会津着）。

年	月	日	動　向
慶長4	8	28	前田利長が大坂を発ち加賀帰国の途につく。
	9	7	徳川家康が伏見から大坂に下り石田三成邸に入る。増田長盛が、前田利長・浅野長政らによる家康暗殺の謀議があると伝えたため、伏見に兵を集める。
		9	重陽節句祝。家康が大坂城に秀頼・淀殿に謁す。
		26	秀吉後室（高台院）が大坂城西の丸を退去し、京都新城に移る（28日徳川家康が大坂城西の丸に移る）。
	10	24	長岡忠興が前田利長らの家康暗殺の謀議に関与した嫌疑を受け、この日、忠興の父幽斎（藤孝）らが榊原康政・有馬則頼・金森長近あてに誓紙を進め、異心なきを約す（11月、忠興も誓紙を進める）。
慶長5	1	1	豊臣秀頼、諸大名の年賀を大坂城で受ける。徳川家康も同様の年賀を西の丸で受ける。
		25	長岡忠興の子息光千代が人質として江戸に赴くため大坂を発つ。
	2	7	徳川家康が長岡忠興に豊後杵築6万石を加増する。
	4	1	禅僧西笑承兌が徳川家康の意をうけて、上杉景勝の非違を咎め、自重と上洛を促す内容の直江兼続あて書状をこの日付で認める（これへの返書が「直江状」）。
	5	17	前田利長の母芳春院らが人質として江戸に赴くため伏見を発つ。
		29	長岡幽斎が丹後に帰国する。
	6	16	徳川家康が大坂城を発ち伏見城に入る。伊達政宗が伏見を発ち帰国する（14日大坂発、15日伏見逗留）。
		17	徳川家康が伏見城の留守居（鳥居元忠・松平家忠ら）を定める。
		18	徳川家康が伏見を発つ。近江水口城主長束正家の饗応を断り、この夜のうちに水口を通過し、翌日伊勢関に到着するという。
		20	徳川家康が四日市に至り、桑名城主氏家行広の饗応を断り、海路三河に赴くという（21日三河佐久島、22日白須賀、23日遠江浜松、24日駿河島、25日駿河清見寺、26日伊豆三島）。
		23	長岡忠興子息忠隆が宮津を出陣（27日忠興出陣）。
	7	2	徳川家康が江戸城に入る（上杉景勝討伐軍、6/18伏見発、7/7軍令、7/8先鋒榊原康政出立）。
		11	これより先、大谷吉継会津に向け出立。中途石田三成の誘引で佐和山に至り挙兵謀議に合力するよう要請され、この日承諾するという。
		12	石田三成、大谷吉継、安国寺恵瓊らが佐和山に会し軍議するという。増田長盛が石田・大谷らに謀議ありと家康家臣永井直勝に通報する。
		14	島津義弘が国元に使者を送り、「爰元乱劇」となり「手前無人」ゆえ義久に兵を送るよう依頼する。吉川広家が榊原康政に書状を遣わし、毛利輝元が石田・大谷・安国寺らの謀議に関わりないことを弁明する。

年	月	日	動　向
慶長5	7	15	「天下謀逆」が露見し伏見城に家康の軍兵が立て籠もる。
		17	毛利輝元が大坂城西の丸に入る（15日広島発）。家康の留守居(6/15～）佐野綱正は家康女房衆らと退去。増田長盛・長束正家・前田玄以連署で「内府ちがい条々」が配布される。後陽成天皇が大坂城に使者を遣わし豊臣秀頼を慰問。石田三成らが会津出陣中の諸将の妻子を人質にする。長岡忠興の正室（ガラシャ）はこれを拒み死す。
		18	長岡幽斎が丹後田辺城に籠城（小野木重次らこれを攻撃 20日～）。鳥居元忠ら伏見城明渡を拒む。「秀頼様衆」（宇喜多秀家、島津義弘、大谷吉継ら）が攻撃。
		21	徳川家康が江戸城を発つ（24日下野小山着）。
		23	毛利秀元、吉川広家らが近江瀬田周辺に要害を築き滞陣。
		24	家康が真田信之に書を送り、家康への与力を褒賞する（これより先、昌幸・信繁と袂を分かつ）。
		26	家康が京極高次に書を送り、近く西上することを伝える。会津出陣の諸将が西上を始める。前田利長が金沢を発ち、南下を始める。
		29	石田三成が佐和山から伏見に出陣。
		30	大谷吉継が真田父子に書を送り、大坂城・秀頼の近況を伝え忠節をもとめる。(吉継が越前に出陣)
	8	1	毛利輝元・宇喜多秀家連署で薩摩の島津忠恒に書を送り、国元の兵をまとめて参陣するよう求める。伏見城が陥落し、鳥居元忠・松平家忠ら戦死。
		3	前田利長らが大聖寺を攻め陥落させる（山口宗永ら戦死）(4日越前に侵攻)。
		5	家康が江戸に戻る。毛利秀元･吉川広家･長束正家･安国寺恵瓊らが伊勢に侵攻。
		8	越前に侵攻した前田利長が帰国を企て、帰路小松城の丹羽長重と浅井畷に戦う（10日金沢帰還）。
		11	石田三成が大垣城に入る。福島正則が清州城に戻る（8/20清州軍議）。
		13	家康が浜松城に滞在する堀尾吉晴（越前府中城主）の傷を見舞う書状を書き、清州に向かう村越直吉に託す（直吉8/19清州着）。家康が加賀前田利長に使者・書状を遣わし大聖寺での戦功を褒賞する。
		15	後陽成天皇が秀頼に和議を整えるよう16日に使者として広橋兼勝・烏丸光広を大坂に遣わすとの説あり（実現せず？）。
		17	揖斐川の流通拠点である美濃福束城（岐阜県輪之内町）が陥落し、城主丸毛兼利がこの日大垣城に入る。
		21	丹後田辺城に籠城する長岡幽斎が、八条宮智仁親王の和議勧告を再度拒絶する。

年	月	日	動向
慶長5	8	22	池田輝政・浅野幸長・山内一豊らの兵が岐阜城主織田秀信の兵を破り木曽川を渡り岐阜城に迫る。福島正則・京極高知・細川忠興らの兵が木曽川を渡り加賀野井城・竹ヶ鼻城を攻略し岐阜城に迫る。大谷吉継が大聖寺に抑えの兵を残し大坂へ向かうという。
		23	池田輝政・浅野幸長・山内一豊・福島正則・京極高知・長岡忠興らの兵が岐阜城を攻略。織田秀信降伏し高野山に入る。黒田長政・藤堂高虎・田中吉政らの兵が河渡で石田三成の兵を破り長良川を渡る。石田三成・島津義弘らは大垣城に撤退。大谷吉継が敦賀疋田で石田三成・島津義弘らからの要請をうけ、大坂行きをやめ、美濃に向かうという。
		24	黒田長政・藤堂高虎・田中吉政らの兵が呂久川（揖斐川）を渡り美濃赤坂に陣を設ける。福島・京極・長岡・池田らも合流。鍋島勝茂・吉川広家・毛利秀元・長束正家らの兵が安濃津城・松坂城・岩手城を攻略。徳川秀忠が宇都宮を発ち信濃に向かう。榊原康政・本多正信らこれに従う。
		26	石田三成が佐和山城に戻る。
	9	1	徳川家康が江戸を発ち神奈川に至る。佐和山に「東国衆」が放火したという風聞が京でたつ。
		3	後陽成天皇の勅使中院通勝らが丹後田辺城に至り、和平交渉が始まる(9/13 開城、細川幽斎は丹波亀山城に入る)。徳川家康が小田原着。尾張犬山城の石川貞清・竹中重門らの使者が小田原に来着し帰服を申し出る。家康これを許す。大谷吉継に従い北国に在陣していた京極高次が、吉継の転進の途次離脱して琵琶湖を渡り大津城に籠城する。
		6	徳川秀忠が真田昌幸・信繁が籠る上田城攻撃を始める（～9/11)。
		7	毛利元康・小早川秀包・立花宗茂らの兵が大津城を包囲し攻撃を始める(～9/15)。
		8	徳川家康が前田利長に書状を遣わし、美濃の戦況を伝え、出陣を促す。石田三成が佐和山から大垣城に戻る。
		13	徳川家康が清州を発ち岐阜城に着陣し先鋒の諸将と会う（9/11 清州着)。前田利長が小松城の丹羽長重、北庄城の青木一矩と講和する。
		14	徳川家康が美濃赤坂に進んで軍議。石田三成が伊勢の鍋島勝茂に大垣城入りを促す。伊勢の情勢が許さないとして勝茂は伊勢に留まる。吉川広家・福原広俊が黒田長政を通じて家康に帰服することを申し出る。家康は人質と誓書を取りこれを許す。小早川秀秋が松尾山に布陣。石田三成の家臣島左近が中村一栄を挑発して合戦に及び勝利する(杭瀬川合戦)。深夜、大垣城に留守居を残し石田三成ら主力勢が関ヶ原に布陣。ついで徳川家康もこれに応じて関ヶ原に布陣する。

おわりに

関ヶ原合戦を経験した世代が社会から消えゆく十七世紀の後半期、関ヶ原合戦に取材した軍記類が彼ら世代への追憶を書き留めるように多く出現する。後世の著作であるとして、歴史史料の世界から放逐するには惜しい作品も多い。典拠史料や情報提供者を示して語り、あるいは複数の史料を比較検討して著者の見解を述べる場面もあり、頼もしい。これら作品の著者たちは、いまは見ることができない史料を読み、会うことのできない人びとから話を聞いていることを肝に銘じたい。

ただ、家康はすでにその頃神（東照大権現）になっているので、家康の言動を批判する作品はほとんどない。

本書で私は、家康だけが迷っていないと感じたらミスリードを疑えと述べた。たとえば、本書の流れでいえば、家康は実に時間をうまく使って勝利を呼び寄せた印象がある。

『関原軍記大成』に、石田三成が捕縛され家康のもとに送られた折に、家康の直臣本多正純が三成に関ヶ原合戦の経緯を訊ね、三成の判断を詰る場面がある。そこで正純は、家康が伏見の留守居から「京方」挙兵の報を得たときに直ちに出陣せず、思いの外遅滞したのは「衆情を知るべき」ためであったが、三成は「諸将の心をも計らず」挙兵に及んだので、終に裏切りの憂き目をみたのであり、「反忠の輩」がなければ勝てたという三成の主張は当たらないと述べている。正純の批判を理路整然と悉く斥けていた三成も、「諸将の心を知らざりし故に、裏切の変に遇ひたれば、兎角をいはん様なし」と反駁を諦めている。

しかし、家康はその時間のすべてを周到な情報分析と、人心収攬のために費やしたのであろうか。家康自身が迷い、判断を留保した結果時間が過ぎたのではないか。時に家臣に急かされ、「関東方」豊臣恩顧の武将たちの動きに驚き、あわてて動かなければならない場面はなかったのであろうか。本書でこれまで確認してきた家康の行動に、家康の焦りと狼狽は少なからず認められるのではないか。臆病を美辞に換えれば慎重になり、優柔不断は深慮遠謀となる。

関ヶ原合戦に取材した軍記類が登場した十七世紀後半期からおそらくはやや遅れるかたちで、近世大名家それぞれの家譜・家伝が編纂されていく。関ヶ原合戦が近世大名としての起点となった大名家はいうまでもなく、鎌倉時代以来の系譜を保つ大名家にとっても関ヶ原合戦は家名存続の正念場であったから、関ヶ原合戦における家祖・先代の武勇と確かな判断は、家譜・家伝のハイライトを飾り、誇りと自己認識の拠りどころとなる。

また、家譜・家伝は、世代を越えて大名家とその家臣たちの基礎教養形成のテキストとなったから、関ヶ原合戦における「京方」を反面教師として子孫に教訓を垂れる場面に事欠かない。

たとえば『黒田家譜』は、関ヶ原合戦における大谷吉継の最期を語った後に、こう述べる。

大谷は才覚があり良将の誉も高い。（挙兵の決意を聞いて）石田三成を諫めたことは、時勢を知る行動と評価できる。そのうえ死すべき時を知り、戦場を去ることなく自害したことは、石田らと同列に語るべきではない。しかし、最終的に謀叛人らにくみして滅亡したことは、冷静沈着に身を保つ（採るべき）方途ではなかった。実に死に赴くことはたやすく、死に向き合い生き抜く道を探ることは難しいとはこういうことという（大谷さえ果たせなかった）。昔から、小人と事を共にすることは、そのことがどんなに善いことでも必ず失敗するという。石田の不義にくみして成功は望めなかった、と。

近年、こうした関ヶ原合戦評価を「徳川史観」に歪められたものとして批判的に受け止める言説が多くなっている。これらの言説は正鵠を得ているだろう。

ただ、敗れた「京方」の史料は残らない。間違いなく存在したはずの多くの「京方」の書状類は失われてしまった。加藤清正・福島正則・黒田長政ら豊臣恩顧の武将らをはじめ、本書でその名を挙げた「関東方」諸将にも、おそらくは例外なく、秀頼への忠節を励み、「京方」への合力を要請する書状が届けられたことは疑いない。しかし、これらは落手まもなく火中に投じられ、あるいは家康の披見に供され、最終的には関ヶ原合戦後周到に廃棄されたと考えられる。

結局、多くの近世大名は徳川との物語のみ残して子孫に伝え、石田らとの物語は忘却の彼方に追いやった。その結果、「京方」としての戦功は語られないままに、秀吉生前には「蛍大名」と陰口をたたかれた京極高次は忠義の武将に、父元春からその器量不足を嘆かれた吉川広家は毛利の救世主となる。

「徳川史観」とは、もとより徳川政権の創業と守成に関わる人びとが、家康完全無欠説を中核に作り上げた共同の歴史叙述である。もしこれが多くの虚構を含んでいたとしても、「徳川史観」が二百数十年に及ぶ近世武家政権、幕藩体制の思想的基盤であったことは事実である。

本書では関ヶ原合戦に参戦した武将たちの書状を読み解き、「京方」の躓きに乗じた家康完勝の道を辿ることを通じて、この「徳川史観」の中核となる家康と関ヶ原合戦の物語が誕生する現場に立ち会うことができたようにおもう。

「京方」失敗の本質もまた「徳川史観」創生の対極に見いだせるのではないか。『関原軍記大成』（前掲）が語る「衆情を知る」ために時間を使った家康に対し、「諸将の心を知らざりし故に、裏切の変に遇ひ」敗れたという石田三成の回顧は、まさにその本質を語る。

これも後世の作品となる『落穂集』の語りであるが、石田三成に挙兵の決意を聞かされた大谷吉継は、自分や三成は太閤の引き立てでここまでのし上がったまでで、このことは皆知っている、太閤の威光に遠慮して自分たちの言うことを尊重してきたが、心の底ではわれわれを見下している、と述べて、毛利輝元・宇喜多秀家を大将とし、三成はその下で動くよう進言したという。

毛利輝元は吉川広家らに動きを封じられ、宇喜多騒動の結果、秀家は譜代の重臣たちを欠いたまま関ヶ原に臨むことを余儀なくされた。島津義弘も手勢の不足で「京方」で指導的な位置を占めることができなかった。これらも大きな敗因に違いないが、秀頼は幼く、秀吉のいない今、三成らの指示が行き届かない、軽視されることについての危惧、対策はどれほど意識されたのであろうか。

その意味で、「長岡越中妻子は、人質に召し置くべき由、申し候ところ、留主居の者間違え、生害仕ると存じ、さし殺し、大坂の家に火をかけ相果て候事」と石田三成が、「なにの情けに妻子を捨、太閤様の被忘御恩、秀頼様へ之逆意可有之候哉、御分別尤候」と増田長盛が、それぞれの書状に述べた言葉にそのあたりの配慮は感じられない。残念である（第一章）。

私はある講座で、徳川家康と石田三成の根本的な違いは何かと質問を受けた際に、思い付きではあったが、政治家と高級官僚の違いと答えたことがある。高級官僚はしっかり勉強をして試験に通ればそれなりの出世を約束されるけれども、政治家は人びとの願いや欲望、悲しみや恐怖までもを票として取り込まなければそのスタート・ラインにさえつけない。官僚はモノとコトを見るけれども、政治家はヒトを見る。その違いではないかと説明した。乱暴なたとえであったかもしれないが、少々気に入っている。

書状の言葉を聴き、その現場、その時、その人に寄り添いながら歴史の転換点を見つめる作業は今後も続けていきたい。

二〇一八年一月

外岡慎一郎

「関《せき》ヶ《が》原《はら》」を読《よ》む
——戦国武将の手紙——

■著者略歴■

外岡慎一郎（とのおか　しんいちろう）

1954年　神奈川県横浜市生まれ
1978年　中央大学文学部史学科卒業
1984年　中央大学大学院文学研究科国史学専攻後期課程単位取得満期退学
1986年　学校法人敦賀学園敦賀短期大学教員となる
2013年　同大学廃止につき退職、敦賀市立博物館館長に就任（現在に至る）

主要論著
・『武家権力と使節遵行』（同成社、2015年）
・「使節遵行と在地社会」（『歴史学研究』690、1996年）
・「大谷吉継と敦賀」（『敦賀論叢』15、2000年）
・「若狭国の賀茂祭と宮河荘」（石川登志雄ほか編『上賀茂のもり・やしろ・まつり』思文閣出版、2006年）
・「村のなかの契約ごと」（坂田聡編『禁裏領山国荘』高志書院、2009年）

2018年2月28日発行

著　者　外岡慎一郎
発行者　山脇由紀子
印　刷　三報社印刷㈱
製　本　協栄製本㈱

発行所　東京都千代田区飯田橋4-4-8
（〒102-0072）東京中央ビル内　㈱同成社
TEL 03-3239-1467　振替 00140-0-20618

ISBN978-4-88621-787-5 C0021